ながら運動で今度こそやせる!

10歳若返る

骨盤腸整ウォーキング

【著者】山﨑 美歩呼
【監修】清水 賢二(理学療法士)

歩くだけで人生が変わる??
毎日歩いてもやせないな…絶食でもしようかしら
そんなの絶対ダメ！
歩き方の質を変えるだけで代謝はぐんと上がるのよ
驚かせてごめんなさい！
私は正しく歩くことでやせる
だっだれ?!!
骨盤腸整ウォーキングを提唱している山﨑《やまさき》 美歩呼《みほこ》です

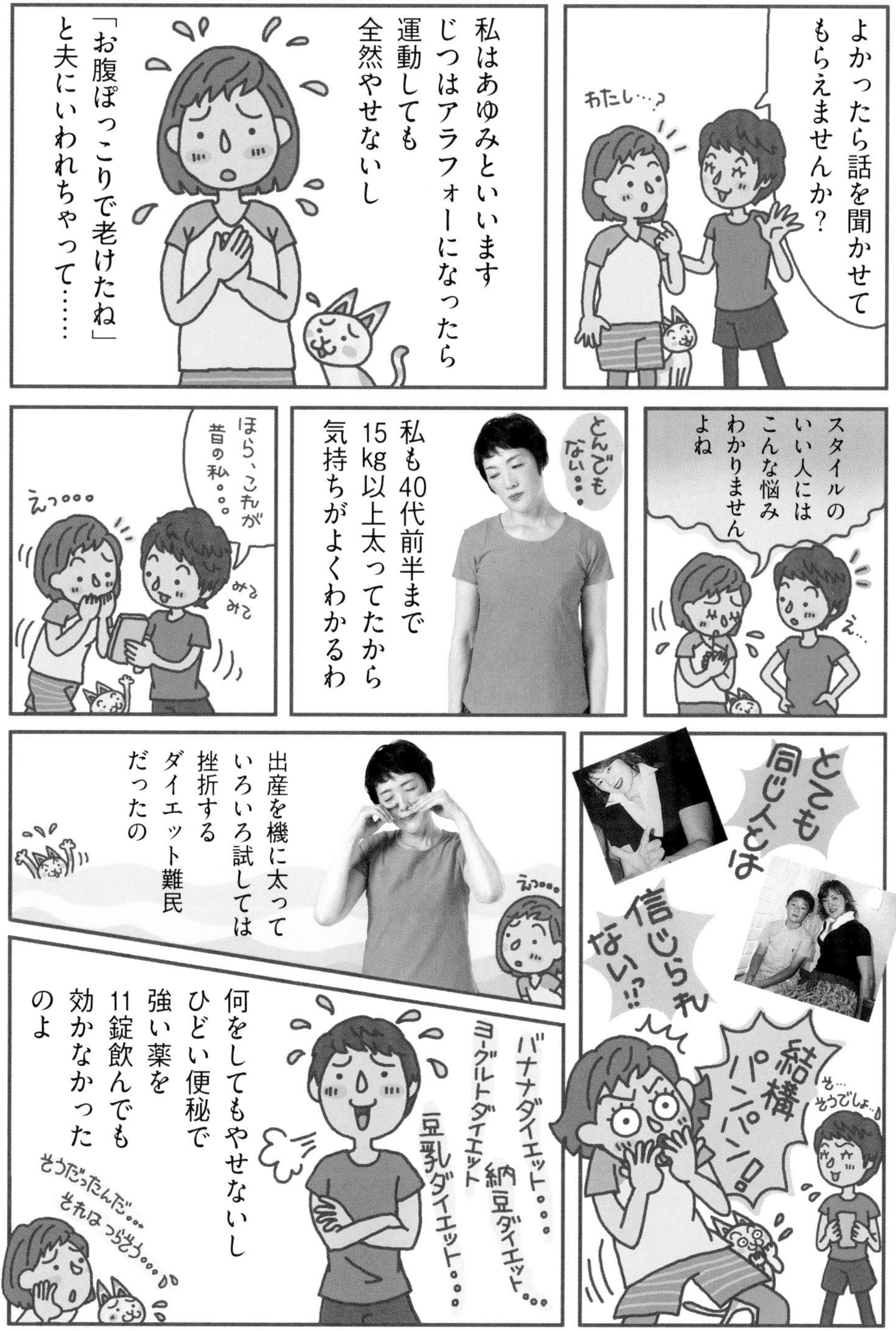

よかったら話を聞かせて もらえませんか？
わたし…？
私はあゆみといいます じつはアラフォーになったら 運動しても 全然やせないし
「お腹ぽっこりで老けたね」と夫にいわれちゃって……
スタイルの いい人には こんな悩み わかりません よね
え…
とんでもない。。。
私も40代前半まで 15kg以上太ってたから 気持ちがよくわかるわ
ほら、これが 昔の私。。。
えっ。。。
みてみて
とても同じ人とは
信じられない!?
結構パンパン!!
そ…そうでしょ…
出産を機に太って いろいろ試しては 挫折する ダイエット難民 だったの
えっ。。。
バナナダイエット。。。
ヨーグルトダイエット
納豆ダイエット。。。
豆乳ダイエット。。。
何をしてもやせないし ひどい便秘で 強い薬を 11錠飲んでも 効かなかったのよ
そうだったんだ。。。 それはつらそう。。。

体質だったんですか?
いいえ 背が高いのがいやで
ねこ背だったのが
原因なの
片足に体重をかける
クセもあったから
骨盤がゆがみっぱなしで
それで内臓が圧迫されて
腸の機能が衰えていたの
ホントに歩くだけで変われたのかなぁ
??
最初はやせなかったわ
毎日 公園を
長時間歩いたけど
日焼けして
シミが増えただけ
歩数や
時間だけを目標に
だらだら歩いていた
せいね
てへへ。。。
そうだったんだにゃ……
それで体のことをきちんと知ろうとスポーツ科学を学んだの
おっ!!
今ではやせて お腹も快腸!
骨盤腸整ウォーキングを
たくさんの人に指導しているわ

美歩呼さん……
いえ先生！
歩き方の質を変えるって
具体的に
どうするんですか？
ええっ……
それは背中側の筋肉を
しっかり目覚めさせること！
背中の筋肉を使って正しく歩けば
10歳若返って
健康になるわよ
さて 今日はしっかり歩いたから
大好きなミルクシェイクでも
飲もうかなぁ
そ そんなハイカロリーなもの
飲んで大丈夫なんですか!?
もちろんよ
お酒も甘いものも制限してないわ
好きなものを飲み食いしても
きちんと歩けば太りません
あゆみさんも
歩くだけでやせる
おトクな体質目指して
一歩を踏み出しましょう！
がんばるぅ！

第2章 いよいよ歩きます！ 骨盤腸整ウォーキングの極意 …… 54

QRコードの使い方 スマホのカメラやアプリで本文のページ右下にあるQRコードを読み取れば、先生の動きや詳しい解説を動画で観られます！

プロローグ「あなたの体の事件簿」

デブや老化を招く犯人は誰？

少しでも若く見られたいと懸命にお手入れしているのに、老けて見られてしまう。もうオバサンだから太るのは仕方ない、今さら若く見られなくてもいいや……なんて最初からあきらめているあなた。それは、もったいないですよ！

若々しさを保ち、健康寿命を延ばしたかったら、筋肉を鍛えなくてはだめ。それには、ふだんは気にしていない**背中側の筋肉にアプローチする必要があります**。

図1は体の表層部の主な筋肉ですが、**お腹側より背中側に姿勢を維持する筋肉が多いのは一目瞭然**。筋肉量は性別に関係なく年齢とともに減少し、とくに二の腕、首から背中、腰や脇腹、お尻やももの筋肉は放っておくと衰えやすいといわれます。

筋肉量が減ると代謝が落ちて太りやすくなります。腰の深層部には背骨を支え、骨盤《こつばん》とつなぐ腰方形筋《ようほうけいきん》があり、この筋肉が衰えると背中が丸くなり、老け具合がぐんとアップ。**中年太りや老化を招く犯人は目につかない背中側にいたんです！**

図1　老化しやすい筋肉は背中側に多い

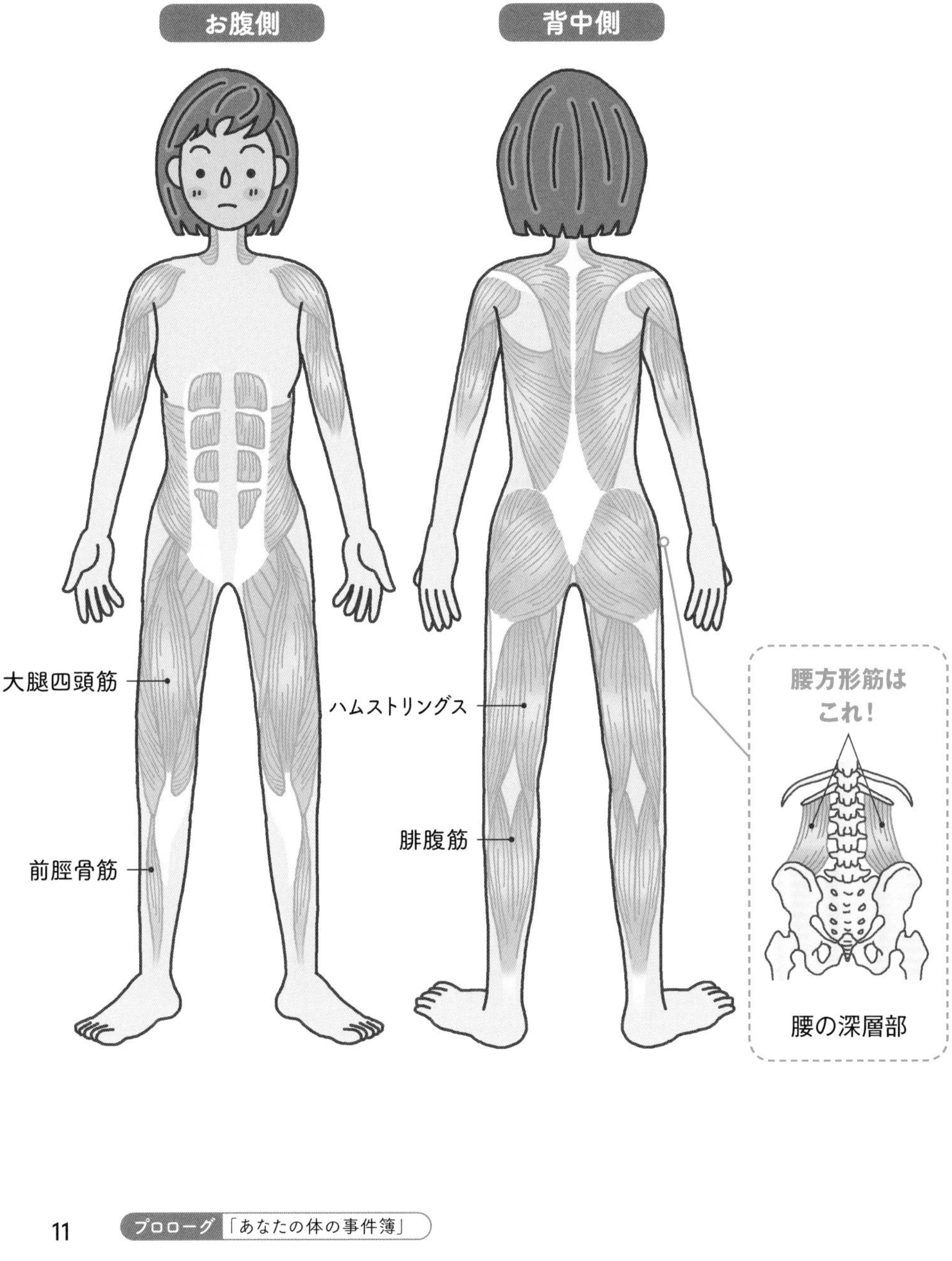
お腹側
背中側
大腿四頭筋
前脛骨筋
ハムストリングス
腓腹筋
腰方形筋は
これ！
腰の深層部

不調は悪い姿勢や動作による体のゆがみが原因

背中の犯人をやっつけて、美と健康を取り戻す方法は、ズバリ、姿勢にあります。日頃から背中を丸めた悪い姿勢や、立ったり座ったり歩いたり、さらにリラックスしている時ですら、悪い動きの習慣がついていると、体がどんどんゆがみます。

姿勢や動作のキーポイントは何といっても骨盤！ 骨盤には、前後左右さまざまな筋肉が重なり合ってついていて、全身の動きをコントロールしています。

でも、姿勢や体の使い方が悪いとこれらの筋肉がうまく働けず、骨盤が安定しません。そして骨盤がずれたり傾いたりすることで、全身にゆがみが生じます。

図2の枠内は悪い姿勢が招く体の状態、その下はそれが原因で起こる不調です。**体のゆがみが、頭から足裏まで全身に悪影響を及ぼす**ことがわかりますね。

でも、痛みや不調があるからと、整体やマッサージでその部分だけを強引に治そうとするのはぶり返しの元。痛みをこじらせることもあるので気をつけましょう。正しい姿勢や動作に変えれば骨盤のゆがみを解消でき、不調や痛みは改善します。

図2　体のゆがみとゆがみに起因する症状や不調

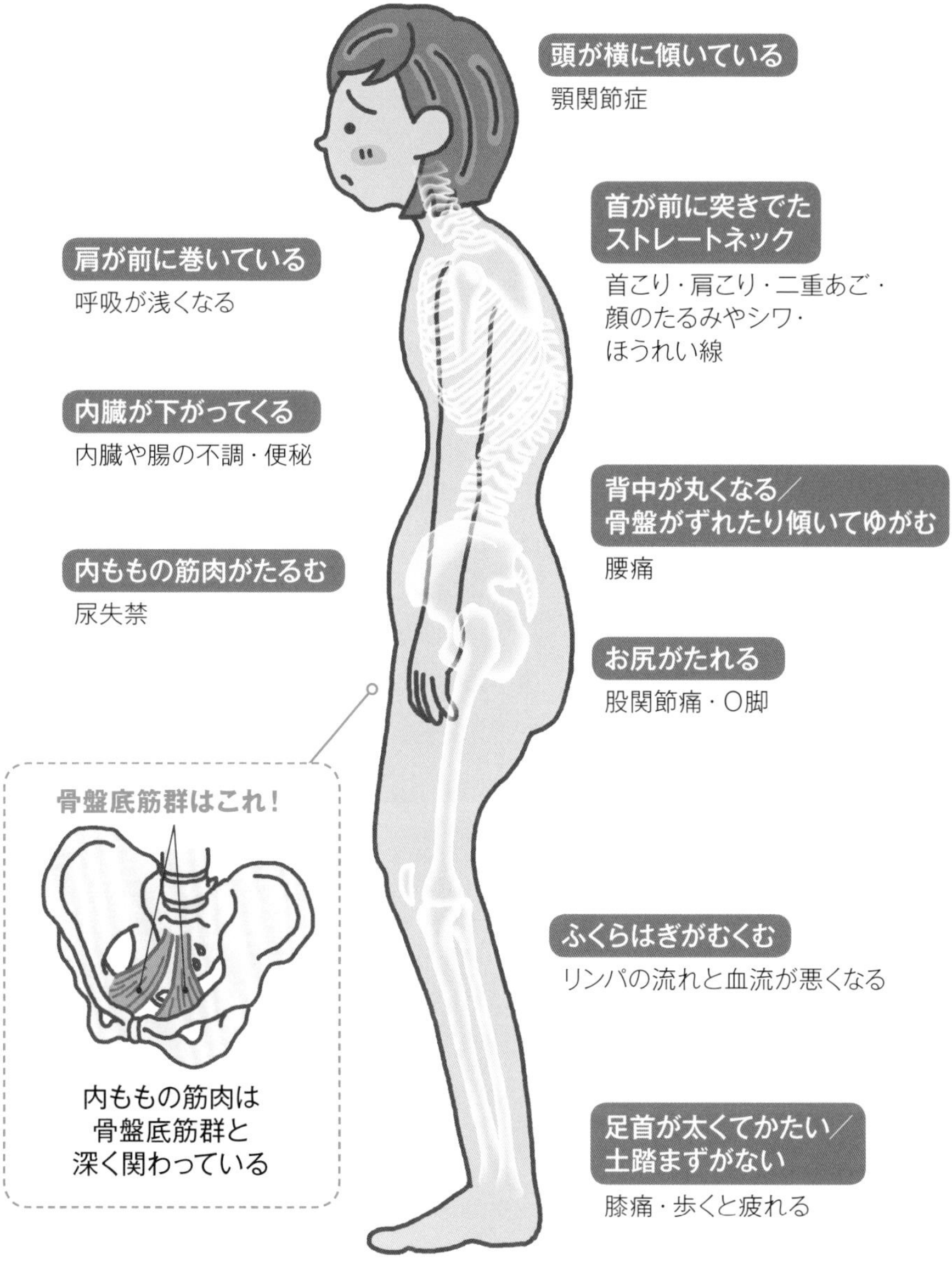
頭が横に傾いている
顎関節症
首が前に突きでた
ストレートネック
首こり・肩こり・二重あご・
顔のたるみやシワ・
ほうれい線
肩が前に巻いている
呼吸が浅くなる
内臓が下がってくる
内臓や腸の不調・便秘
背中が丸くなる／
骨盤がずれたり傾いてゆがむ
腰痛
内ももの筋肉がたるむ
尿失禁
お尻がたれる
股関節痛・O脚
骨盤底筋群はこれ！
内ももの筋肉は
骨盤底筋群と
深く関わっている
ふくらはぎがむくむ
リンパの流れと血流が悪くなる
足首が太くてかたい／
土踏まずがない
膝痛・歩くと疲れる

3大老化現象「ねこ背・ぽっこりお腹・O脚」

街を歩いていると、丸い背中にぽっこりお腹の中高年や高齢者がO脚でペタペタ歩く姿をよく見かけます。そんな姿を目にするたび、残念でなりません。

じつは、私のウォーキングレッスンに通うみなさんの体形の悩みも、「ねこ背を何とかしたい」「お腹をへこませたい」「O脚を直したい」がトップ3です。

このトップ3は、加齢による筋肉量の減少が招く老化現象です。

しかも、3つには図3のような相関関係があります。**①背中側の筋肉量が減少してねこ背になる。**ねこ背で骨盤のずれやゆがみが生じ、**②肋骨《ろっこつ》が前に倒れてお腹側の空間（肋骨と骨盤の間）が狭くなり、内臓が下がってお腹が出る。**骨盤のゆがみとぽっこりお腹のために体重を外側にかけるクセがつき、**③内ももの内転筋《ないてんきん》（19ページ）が使われず、足が外側に曲がってO脚になる、**という恐るべき負の連鎖です。

つまり、**3大老化現象を招く元凶はねこ背**だといっても過言ではありません。

まずは、すべての不調につながるねこ背を改善し、老化現象を撃退しましょう！

図3　3大老化現象の姿勢はこうしてできる

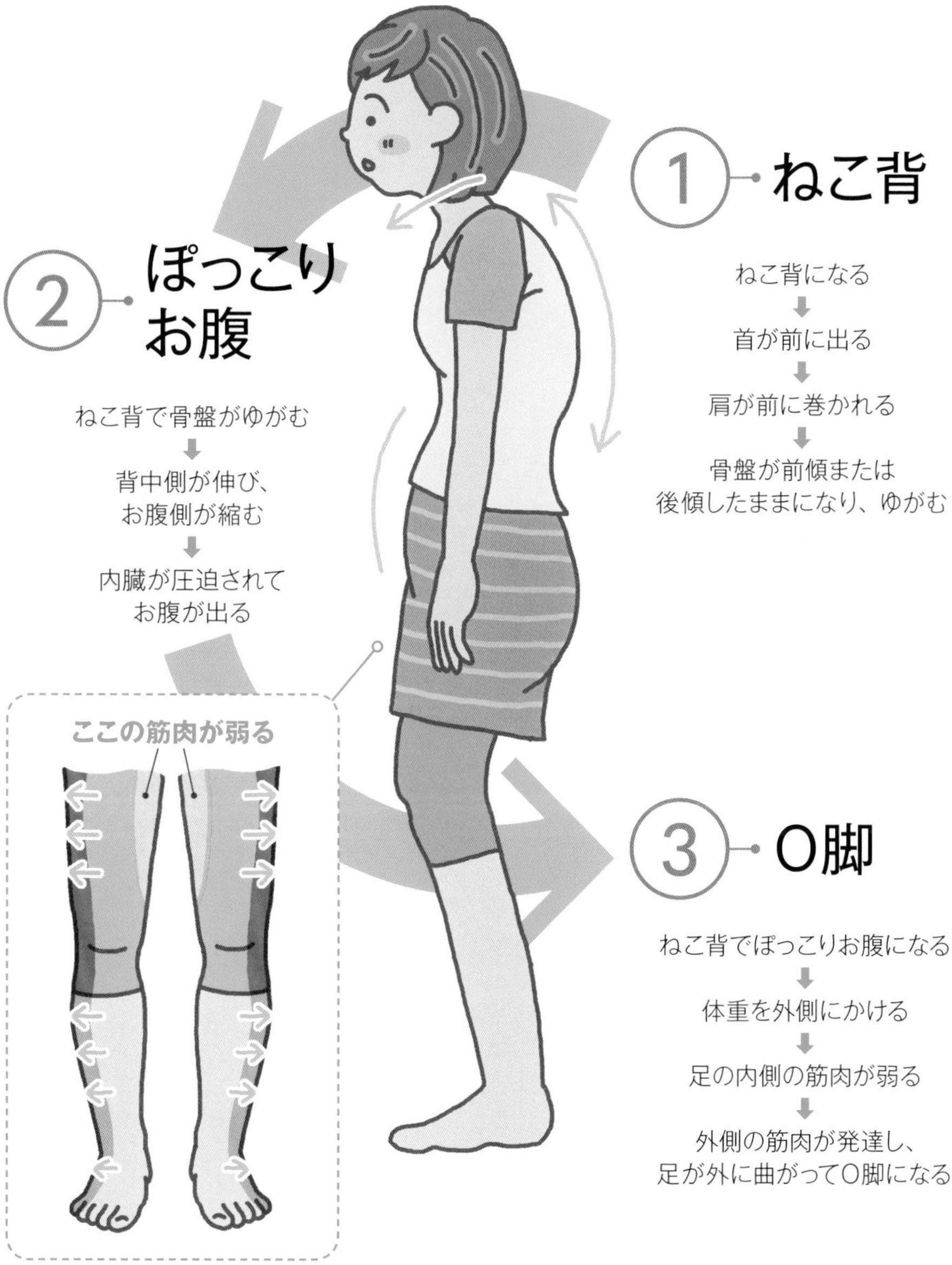

1 ねこ背
ねこ背になる
首が前に出る
肩が前に巻かれる
骨盤が前傾または後傾したままになり、ゆがむ
2 ぽっこりお腹
ねこ背で骨盤がゆがむ
背中側が伸び、お腹側が縮む
内臓が圧迫されてお腹が出る
ここの筋肉が弱る
3 O脚
ねこ背でぽっこりお腹になる
体重を外側にかける
足の内側の筋肉が弱る
外側の筋肉が発達し、足が外に曲がってO脚になる

骨盤や内臓を正しい位置に戻せば、腸が元気になる

図4の右図を見てください。**ねこ背のために内臓が下がり、骨盤内にギュッと押し込められたイメージ図**です。骨盤が広がり、左右でゆがみもあります。

内臓のなかでも腸は長い臓器のため、骨盤のゆがみが大きく影響します。押し込められてくっつくと動きが悪くなり、栄養素の吸収力低下や便秘の原因に。

便秘になると、「腸活」で食物繊維の多いものを食べますよね？　食事も大切ですが、便秘の解消には、腸が本来の機能を発揮できる環境を整えるのが先です。

骨盤腸整ウォーキングは、その名の通り**骨盤と腸に着目し、正しい姿勢で歩くことでこれらを正しい位置に整えます**。さらに、**日常生活にエクササイズを取り入れて骨盤や筋肉を柔軟にします**。この二本柱で整えるから、高い効果が得られます。

骨盤や筋肉が整うと、全身の筋肉を正しく使えるので、体がみるみる変わります。

図4の左図のように、お腹側に空間ができると内臓が本来の位置に戻り、活性化します。腸のくっつきもなくなり便秘も解消、ぽっこりお腹も引っ込みますよ！

図4　悪い姿勢・いい姿勢は内臓の働きにも影響する

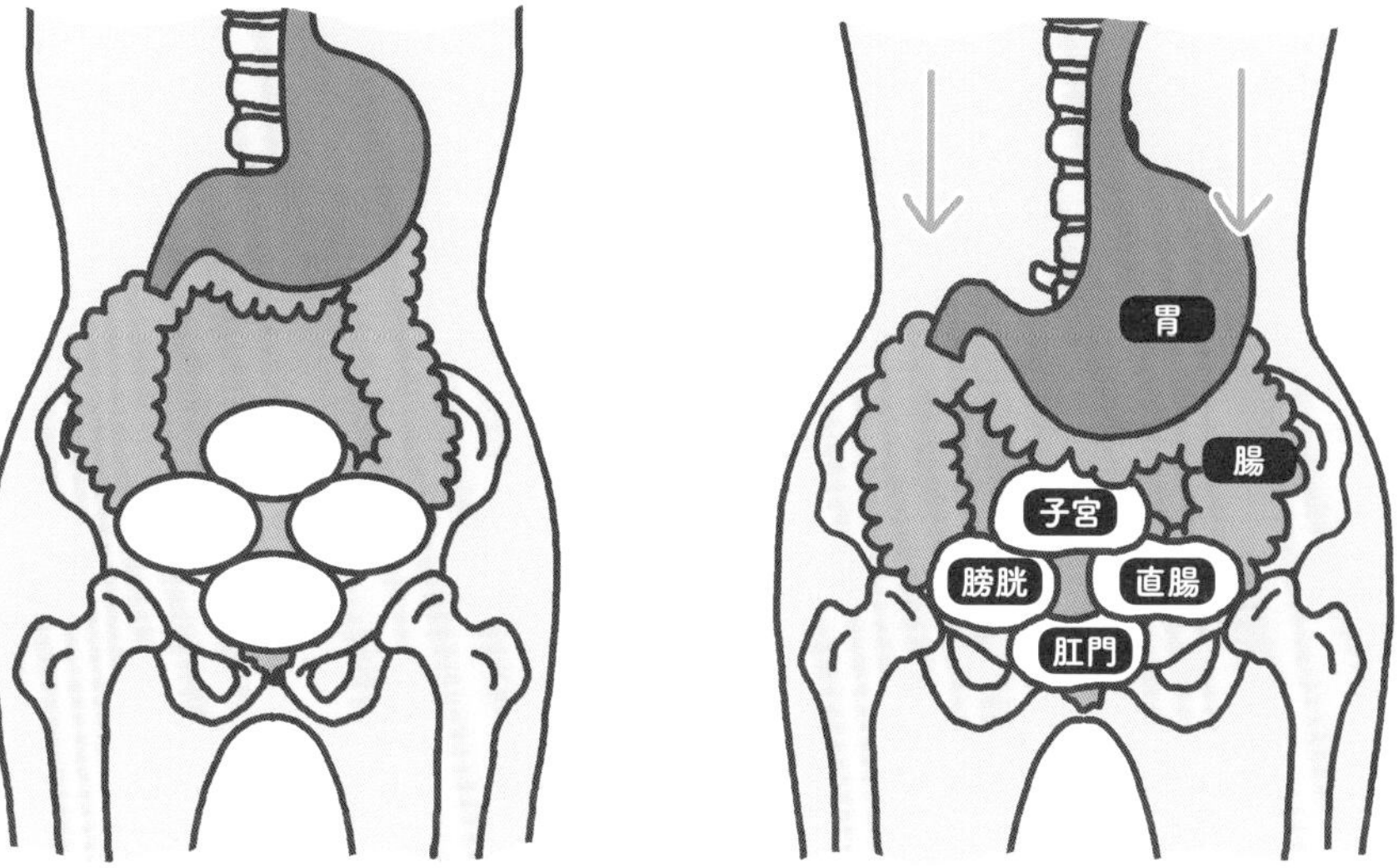

いい姿勢でお腹に空間ができ、
正しい位置に戻った内臓

ねこ背でお腹の空間が狭くなり、
ギュッと押し込められた内臓

ただ歩くだけではやせません！
意識すべきは、背中・お尻・足の3か所

私は、産後太りで何をやってもやせずに悪戦苦闘した結果、「歩き方を変えれば体も変わる、やせるのも10歳若返るのも夢じゃない！」と、46歳でやっと実感できました。誰でも歩き方を変えれば簡単にやせるか？　といったらイエスです。

でも、歩き方は簡単には変えられません。**ねこ背や反《そ》り腰などで姿勢が悪い人は、ウォーキングで使いたい関節や筋肉がガチガチに固まり、十分に動かせなくなっています。**たくさん歩いても全然やせない！　と嘆く人に多いパターンです。

また、姿勢の悪い人が何の準備もせずに歩き始めると、膝や腰を痛める危険性もあります。ダイエットや健康のためによかれと思ったことが、裏目に出るわけです。

だからこそ、関節や筋肉をきちんと使える体づくりが最初の目標。**関節や筋肉が本来あるべき方向に動かせれば代謝も上がり、正しく歩くだけでやせます。**

図5のように、体の後ろ側を鍛えるポイントは背中・お尻・足の3つにあります。ここをしっかり意識しながら動かすことが重要です。

図５　やせるポイントは
背中・お尻・足にある

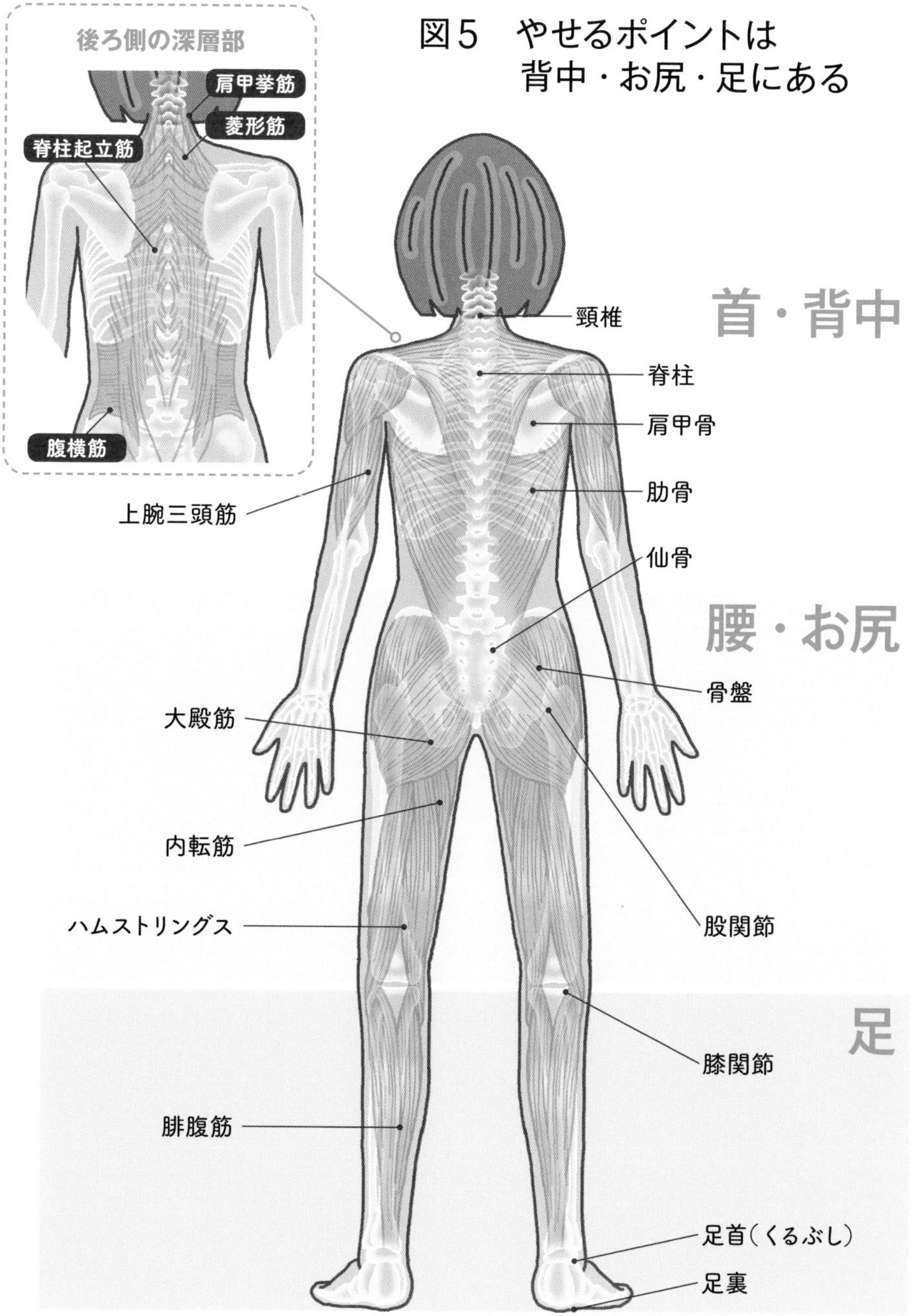
後ろ側の深層部
肩甲挙筋
菱形筋
脊柱起立筋
腹横筋
首・背中
頸椎
脊柱
肩甲骨
肋骨
上腕三頭筋
仙骨
腰・お尻
骨盤
大殿筋
内転筋
ハムストリングス
股関節
足
膝関節
腓腹筋
足首（くるぶし）
足裏

首・背中

首から背中には、脊柱《せきちゅう》（背骨）、肩甲骨《けんこうこつ》や肋骨、深層部の脊柱起立筋《せきちゅうきりつきん》や腹横筋《ふくおうきん》、二の腕の上腕三頭筋《じょうわんさんとうきん》などがあり、ここはウォーキングでしっかり動かしたい部位。下半身だけでなく、上半身も動かすことで全身の筋肉をバランスよく使えます。

とくに**肩甲骨回りはふだん動かさないので、肋骨に肩甲骨がペタッと貼りついて固まりがち。**周辺の筋肉も縮んでかたくなっているので、動きづらいんです。エクササイズで肩甲骨回りをしっかり動かす習慣をつけ、柔軟に動ける状態をキープしましょう。

さらに、**背中の深層部の菱形筋《りょうけいきん》周辺には褐色脂肪細胞、別名ダイエットスイッチと呼ばれるスポットがたくさんある**ので、ここを刺激することで美しく効率的にやせられますよ。

腰・お尻

自信がないから目を背《そむ》けたいなんていわず、腰・お尻にも注目しましょう！

腰からお尻にはウォーキングでしっかり使いたい骨盤や股関節《こかんせつ》、骨盤をすっぽり包む大殿筋《だいでんきん》やそれに続くハムストリングスなど、重要な部位が集中しています。

正しくきれいに歩くには、**骨盤や股関節のゆがみを解消し、本来の機能を取り戻すことが不可欠！** そのためには、ふだんからいい姿勢で生活することが何よりも大事です。

さらに、骨盤や股関節をしっかり安定させながら歩けるように、**お尻の筋肉やハムストリングスを使うエクササイズで、柔軟性を高めましょう。**

足

足には、膝関節《しつかんせつ》や足首、足裏、ふくらはぎの腓腹筋《ひふくきん》、前側の前脛骨筋《ぜんけいこつきん》（11ページ）など、正しい着地に必要な関節や筋肉があります。歩くためには大切な部位です。

足首がかたくて柔軟に動かないとつま先が持ち上がらないし、足裏に土踏まずがなくなると、親指のつけ根で押しだせなくなります。これらは転倒やケガの原因に。日頃から、エクササイズなどで**足をきちんとケアして一歩を大きく踏みだせるようになると、歩く姿勢がきれいになるし、代謝も上がります。**

私は「やせる＝体重が減る」だとは思いません。体重だけ落としてやつれた姿では老けて見えるうえ、病気を心配されます。体重は変わらなくても、スッキリして見えることが大切。**脂肪が減り筋肉量が増えて締まって見えるほうが、健康的で美しい理想のやせ方ではないでしょうか？**

第1章

歩き始める前に！

毎日のながらエクササイズ

ちゃんと運動しなくちゃと思っても、体を動かすのって、本当におっくうですよね。
わざわざ運動しようと思うとつらくなるので、
ちょっとした隙間時間で続けられる、ながらエクササイズを習慣にしましょう。
朝目覚めたら布団やベッドの上で、洗面所で歯を磨きながら、トイレで、
お出かけ前の玄関で、デスクワークや座っている間に、お風呂で、就寝前と、
シチュエーションに合わせて、短時間でできる16種のエクササイズをご紹介します。
どれも悪い姿勢を改善し、きれいな姿勢をつくるのに欠かせないものばかり！
といっても、全部のエクササイズを毎日やらなくても大丈夫。
少しずつ試しながら、思いついた時にちょこちょこ体を動かすようにしましょう。
このエクササイズを続けると、固まった筋肉や骨盤を動かしやすくなり、
正しく歩ける体になります。
ぜひ、日常生活の中に上手に組み込んでみて。

ながらエクササイズの基本ルール

ウォーキングレッスンでは、**体をしっかり使って歩くだけで、外見はもちろん体の内側の腸まで生き生きと若返る**ことを目指します。でも、使っていない筋肉をいきなり使おうとしてもうまく動かせません。やはり、多少の準備は必要です。

忙しい毎日でも、朝起きてから寝るまでの間を有効に使ったこのエクササイズなら、**時間をかけたり、きつい運動をしなくても、体は自然に鍛えられます。**

エクササイズの効果をアップする3つのルールをご紹介しましょう。

ルール1 とにかく毎日続ける

体を動かす習慣をつけるために、エクササイズはちょっとでもいいから、毎日続けることが大切。**日常の中で習慣化して、だんだんと体に落とし込む作戦**です。

でも、このシチュエーションだから、このエクササイズをやると堅苦しく決めなくてもOK。なるべく柔軟に、できる時にできるものをやってくださいね。

ルール2 体調や予定に合わせて選んでOK

エクササイズは全種類フルコースでやらなくても大丈夫です。無理せず、その日の体調や予定に合わせて選んでいただいてかまいません。

最初から全力疾走で、毎日フルコースでやろうとすると精神的にも疲れてしまい、続かなくなります。気楽に始めて、習慣化を目指しましょう。

ルール3 しっかり呼吸する

エクササイズ中は、呼吸を止めないように注意してください。息を止めてしまうと、血液に酸素が回らず酸欠になるので、意識してしっかり呼吸することが大事。

「鼻から息を吸って、口から息を吐き切る」と覚えてみて！

ながら
エクササイズは
究極の時短に
なるから
お・ト・ク！

血流をよくし体温を上げる

寝起きスイッチ

朝、寝床から起き上がる前に、最初に足の筋肉にスイッチを入れましょう。

つま先に力を入れず足首をしっかり曲げ伸ばしすることで、足の前側の前脛骨筋（11ページ）が刺激されます。この筋肉が弱ってくると、すり足や老人歩きになりやすいので、立ち上がる前の朝一番に、柔軟にしておくことが大事です。

前脛骨筋が目覚めると、ふくらはぎのヒラメ筋や腓腹筋（11ページ）も動きだします。**ふくらはぎは「第2の心臓」**ともいわれ、血液やリンパ液を心臓に押し上げるポンプの役割をしています。これらの筋肉が活発に動くと、血液やリンパ液の流れがスムーズになるので、**基礎代謝や体温が上がります**。体温が上がると**免疫力もアップ**し、疲れにくい体になります。まさに、いいことずくめです。

このエクササイズでは、**つま先だけが手前に反らないように注意！**　足首を使わずにつま先だけが反ってしまうと、前脛骨筋は使えていません。足首のかたい人は、脛《すね》の筋肉に効いているかを意識しながらやりましょう。

スマホで動画を観る！

1と2を交互×3セット

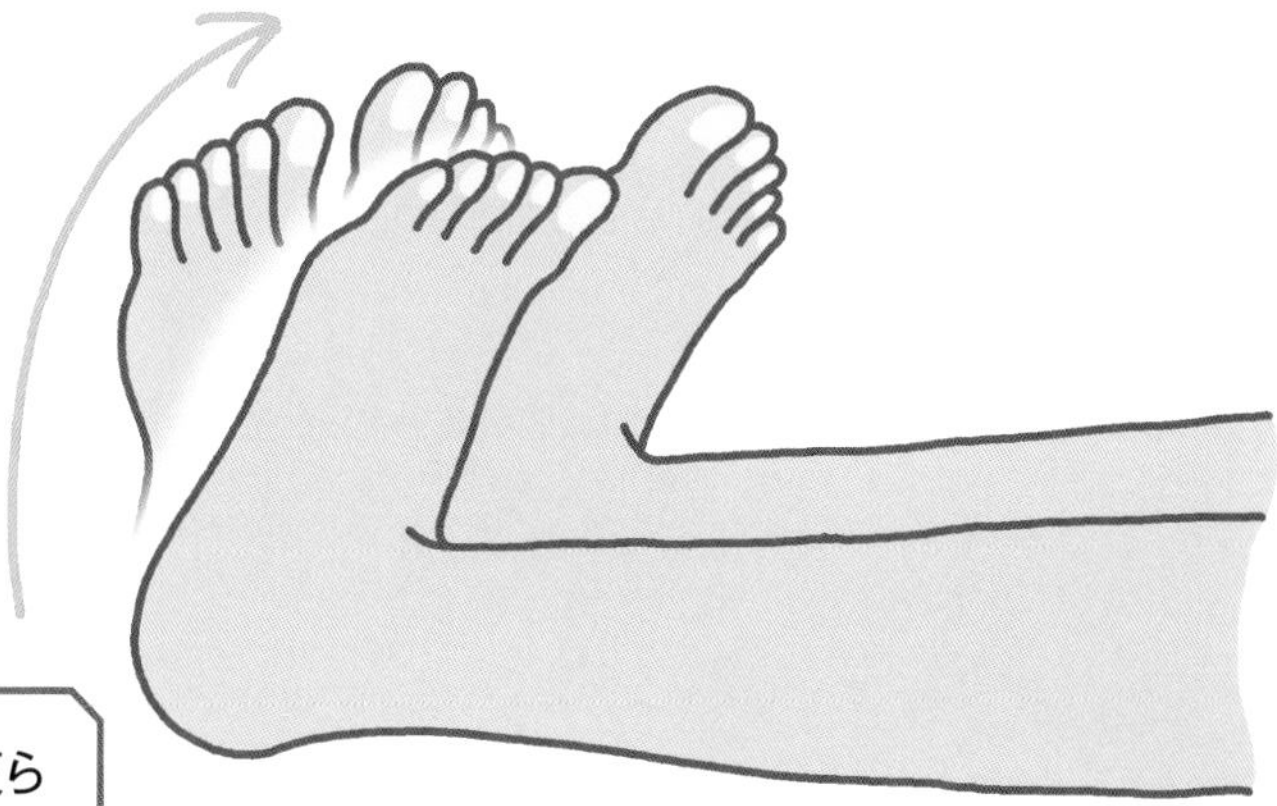

Point
つま先だけを反らすのはNG
足首から反らすのがGood!

1 あお向けの姿勢で、足首からつま先を膝のほうへ反らすようにして10秒静止。

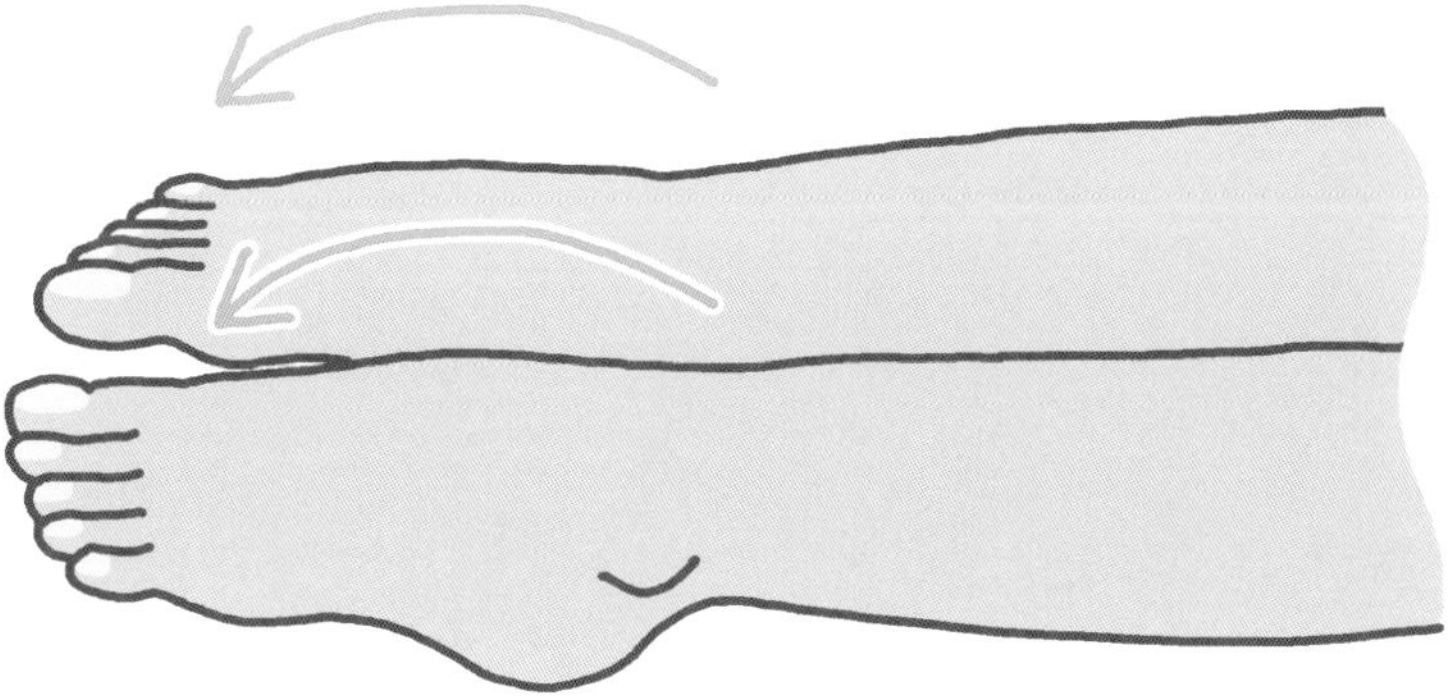

2 次に足の甲を思いっ切り伸ばして10秒静止。この時、親指もしっかり伸ばす。1と2を交互に3セット行う。

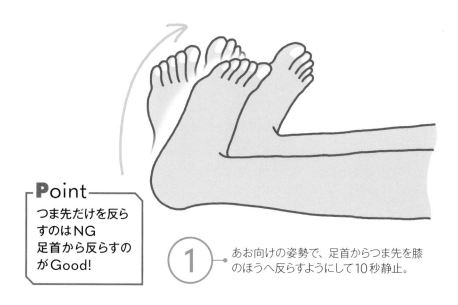

血流をよくし体温を上げる

ニーホールド

あなたは、ふだんどんな姿勢で寝ていますか？　じつは、いちばんリラックスしているはずの眠っている間にも、人は体に悪いクセをつけてしまいがちです。

毎日の寝姿が、背中や骨盤をゆがませる大きな要因の一つになっています。

いつも左あるいは右を下にして寝つく、うつ伏せの姿勢でないと眠れないなどと人それぞれ。でもこれが問題なのです。とくに横向き寝の時間が長いと、下になったほうの骨盤が圧迫され続け、背骨が曲がってしまいます。

目覚めたら、背中から骨盤にかけてこり固まった形をリセットし、上半身からお尻までの筋肉を整えましょう。お尻を浮かせて持ち上げることで、**骨盤を前後に動かしやすくなります**。骨盤回りの筋肉の血流がよくなるので、**冷え性も改善**します。

最初は、お尻が少ししか持ち上がらなくても大丈夫！　大切なのは続けること。

このエクササイズはお尻の大きな筋肉の大殿筋（19ページ）もしっかり伸ばせるうえ、たれ尻改善の効果もありますよ。

スマホで動画を観る！

10秒キープ×3回

Point
膝を近づけるのではなく、お尻のほうをグッと浮かせるイメージで！

1 あお向けの姿勢で、両膝を抱える。

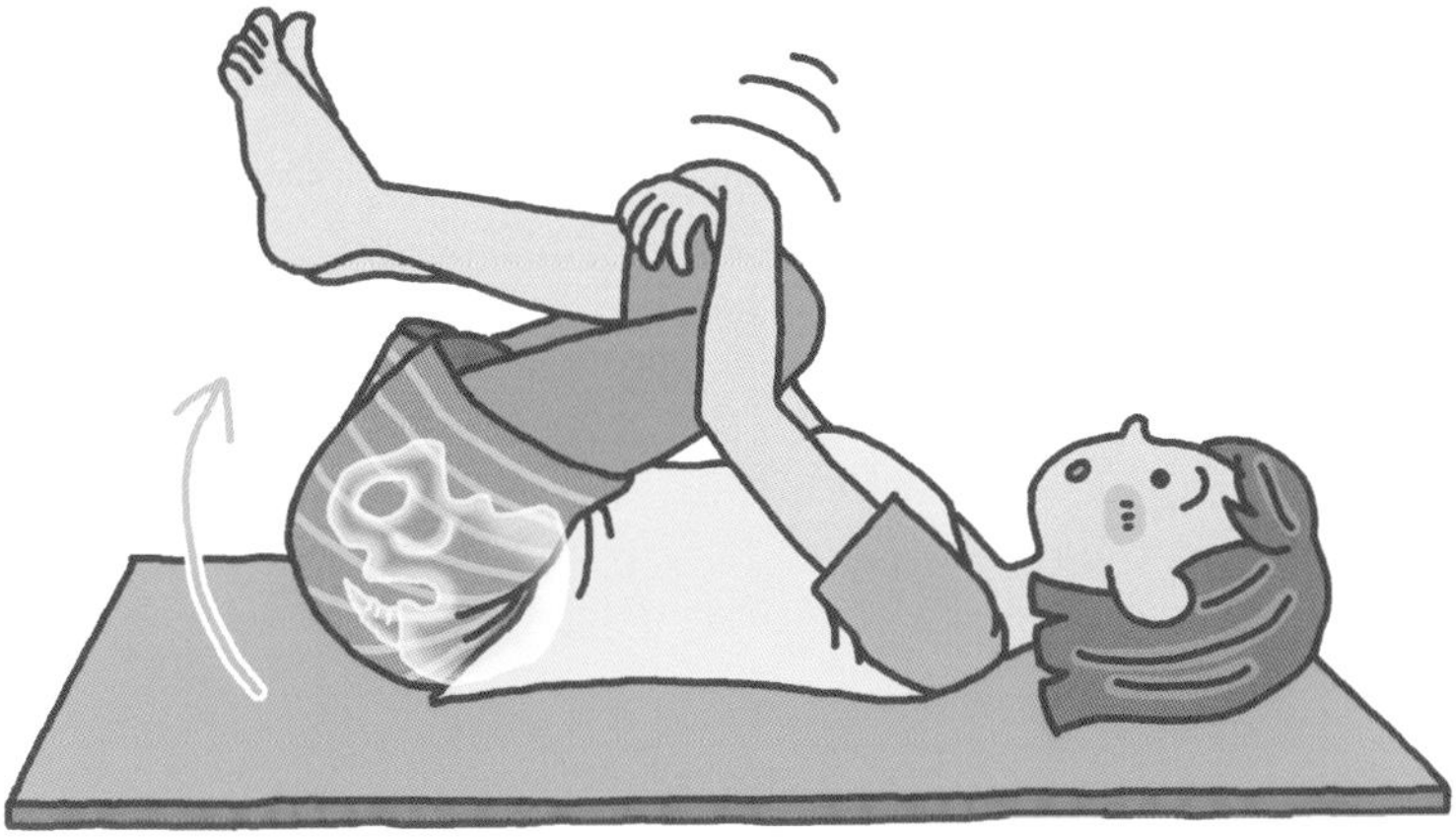

2 お尻を持ち上げ、ももを胸にギュッと近づけるようにして10秒静止し、元に戻す。これを3回行う。

壁立ち

全身の筋肉にスイッチを入れる

朝の洗顔や歯磨きの時間を有効に使って、今日一日、全身の筋肉がしっかり働けるように筋肉のスイッチをＯＮにしましょう！ 洗面所などの**壁の前にたった30秒きれいな姿勢で立つだけ**なので、忙しい朝でも簡単にできます。

この壁立ちは、姿勢のクセを見直す方法の一つでもあります。**壁と腰の間に手のひら1枚分ほどの隙間**があれば合格です。グーに握った手が入るくらい隙間があく人は、骨盤がゆがんだり反り腰になっています。お腹とお尻に力を入れて、骨盤が床に対してまっすぐ立つようにしてください。反り腰が改善され、腰の隙間が狭くなります。さらに、骨盤の真上に頭がくるようにします。お腹側がスッと伸びて肋骨と骨盤の間に空間ができるので、胃や腸が動きやすくなります。

息を吸って胸が広がると肋骨が立ちます。**この肋骨の角度をキープ**しましょう。肩が前に出るのを防ぐので、ねこ背を予防できます。バストトップの位置も上がり、見た目の若々しさがグンとアップします。

スマホで動画を観る！

30秒キープ

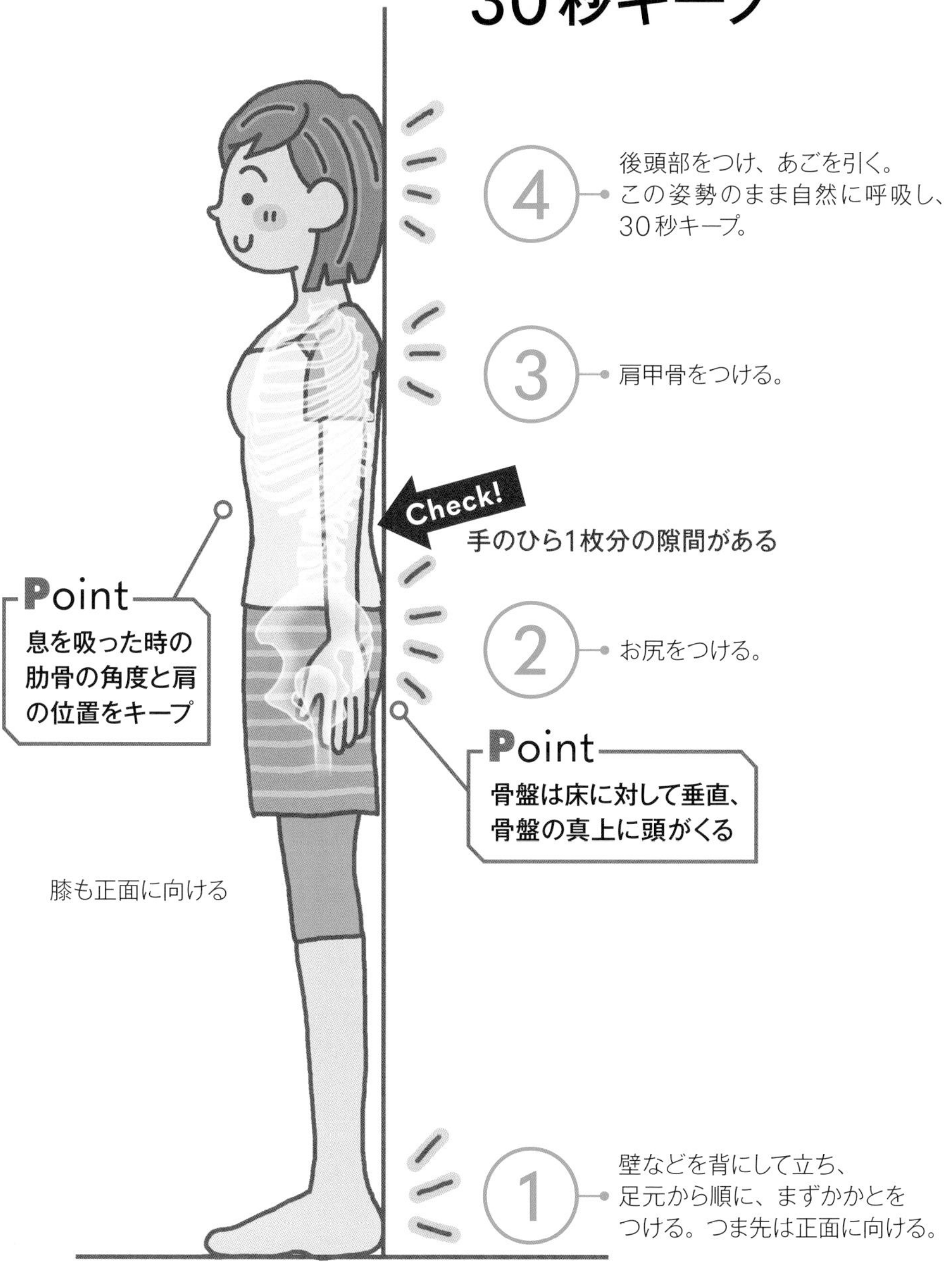
④
後頭部をつけ、あごを引く。
この姿勢のまま自然に呼吸し、
30秒キープ。
③
肩甲骨をつける。
Check!
手のひら1枚分の隙間がある
Point
息を吸った時の
肋骨の角度と肩
の位置をキープ
②
お尻をつける。
Point
骨盤は床に対して垂直、
骨盤の真上に頭がくる
膝も正面に向ける
①
壁などを背にして立ち、
足元から順に、まずかかとを
つける。つま先は正面に向ける。

歯磨きで

全身の筋肉にスイッチを入れる

ペットボトルプレス

歯磨きタイムは、ももの内側とお尻を鍛えるエクササイズがおすすめ。**歯磨き中に空のペットボトルをももに挟《はさ》んでつぶすだけで、O脚の改善と予防**ができます。

年を取ってからO脚になる人は、男女を問わず多いんです。加齢につれてももの内側の筋肉が弱まり、つねに足の外側に重心がかかることでO脚になります。

そこで、ふだんあまり使わないももの内側の筋肉を、ながらエクササイズで強化する習慣を身につけてしまいましょう。洗面所に飲み終わったペットボトルを置いておくと目につくので、忘れずにできますよ。

最初に膝を軽く曲げるのは、お尻とももの内側の筋肉をゆるめるためです。筋肉はゆるめたり緊張させたりを繰り返すことで、しなやかで強くなります。

膝は正面に向けたまま伸ばし、左右のお尻をキュッと寄せてつぶしましょう。**お尻に力を入れると、お尻からももの内側の筋肉が鍛えられます**。お尻が上がり、骨盤底筋群《こつばんていきんぐん》（13ページ）が締まるので尿失禁の改善にもつながります。

スマホで動画を観る！

ペットボトルプレス

歯磨き中に

1 正しい姿勢で立ち、足幅はペットボトル1本分ほど開く。膝の少し上の内ももで空のペットボトルを挟み、膝を軽く曲げる。

Check!
膝は軽く曲げる

Check!
ペットボトルを挟む位置は膝の少し上

Check!
足幅はペットボトル1本分開ける

2 膝を伸ばす。お尻に力を入れて内ももをキュッと寄せ合い、ペットボトルをつぶし、10秒キープ。これを繰り返す。

Point

お尻から内ももの筋肉をしっかり寄せる

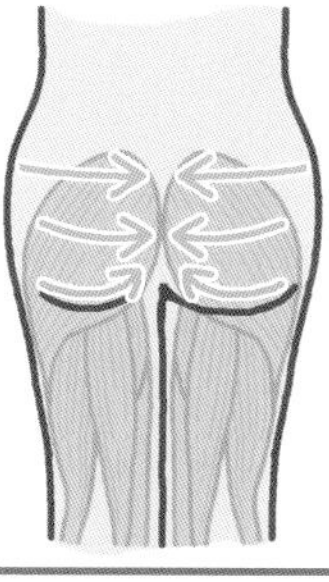

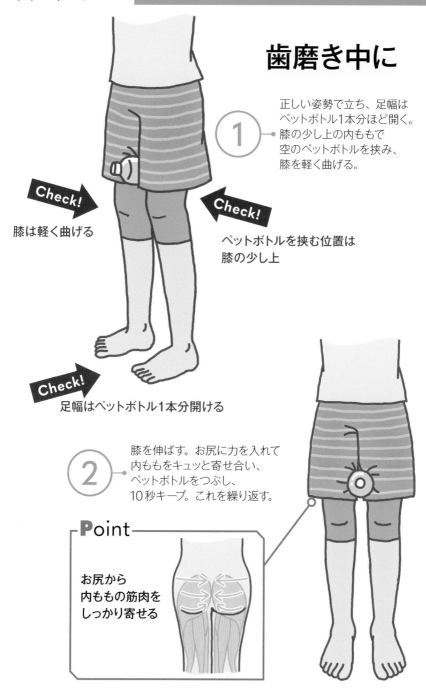

腸を動かし、快便習慣をつける
スカイツリースイング＋呼吸法

朝のトイレタイムを使って、腸活しましょう。私もかつては薬を使うほどひどい便秘でしたが、この方法を続けてからは毎日スッキリ快腸です。まず**呼吸法で腸を刺激し**、体の内側から腸もみをします。次に、**スカイツリースイングと合わせ技でお腹に空間をつくり、腸もみ効果をアップ！**

毎朝の習慣にすれば、体の内側からきれいになる効果が高いと実感できます。

■呼吸法■

体全体の力を抜いて大きな呼吸を繰り返すと、**肋骨の内側にある横隔膜《おうかくまく》の上下運動も繰り返される**ので、腸に刺激が届きます。

呼吸は**鼻から4秒吸ったら、口から8秒かけて吐きましょう**。ポイントは、お腹を膨《ふく》らませるようにして鼻からスーッと息を吸い、次に、体の中の空気を全部吐き切るつもりで、口からフーッと吐きだします。少し前傾してもいいので、**全部吐き切ることが大事です**。吐き切ることで、自然に次の息を大きく吸えます。

スマホで動画を観る！

1と2を交互×3セット

②
口からフーッと8秒かけて息を全部吐きだす。背中を少し丸めながらお腹をへこませ、しっかり吐き切る。

1と2を交互に3セット行う。

①
鼻からスーッと息を4秒かけて吸い、上体を起こしながらお腹を膨らませる。
肩は肩甲骨を寄せるようにして後ろに引く。

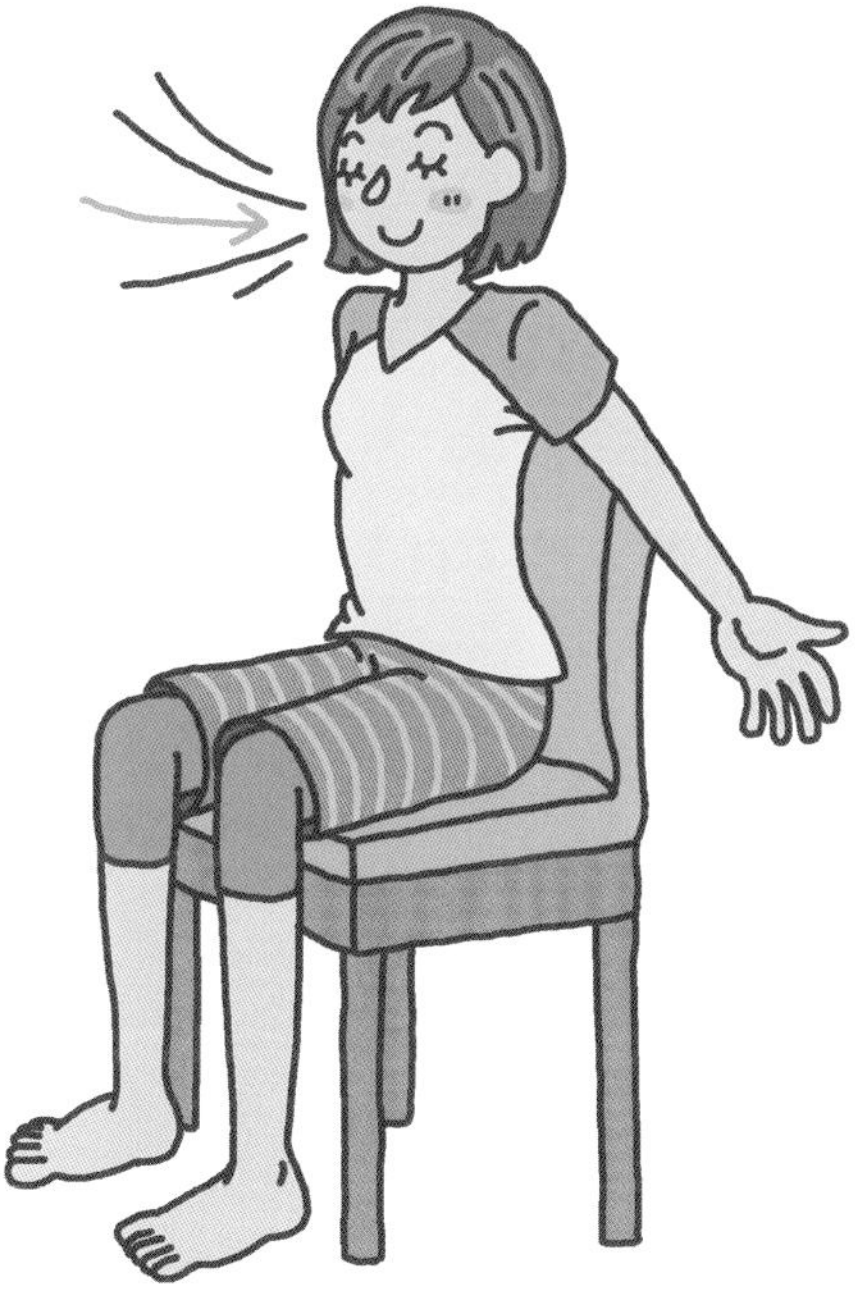

Point

体の力を抜いて、横隔膜をしっかり動かすイメージ

スカイツリースイング

上体を引き上げて、**お腹に腸が動きやすい空間をつくります。**手をクロスするのが難しい人は、指を組んでもいいでしょう。肩こり解消にも効果的です。

左右交互×3セット

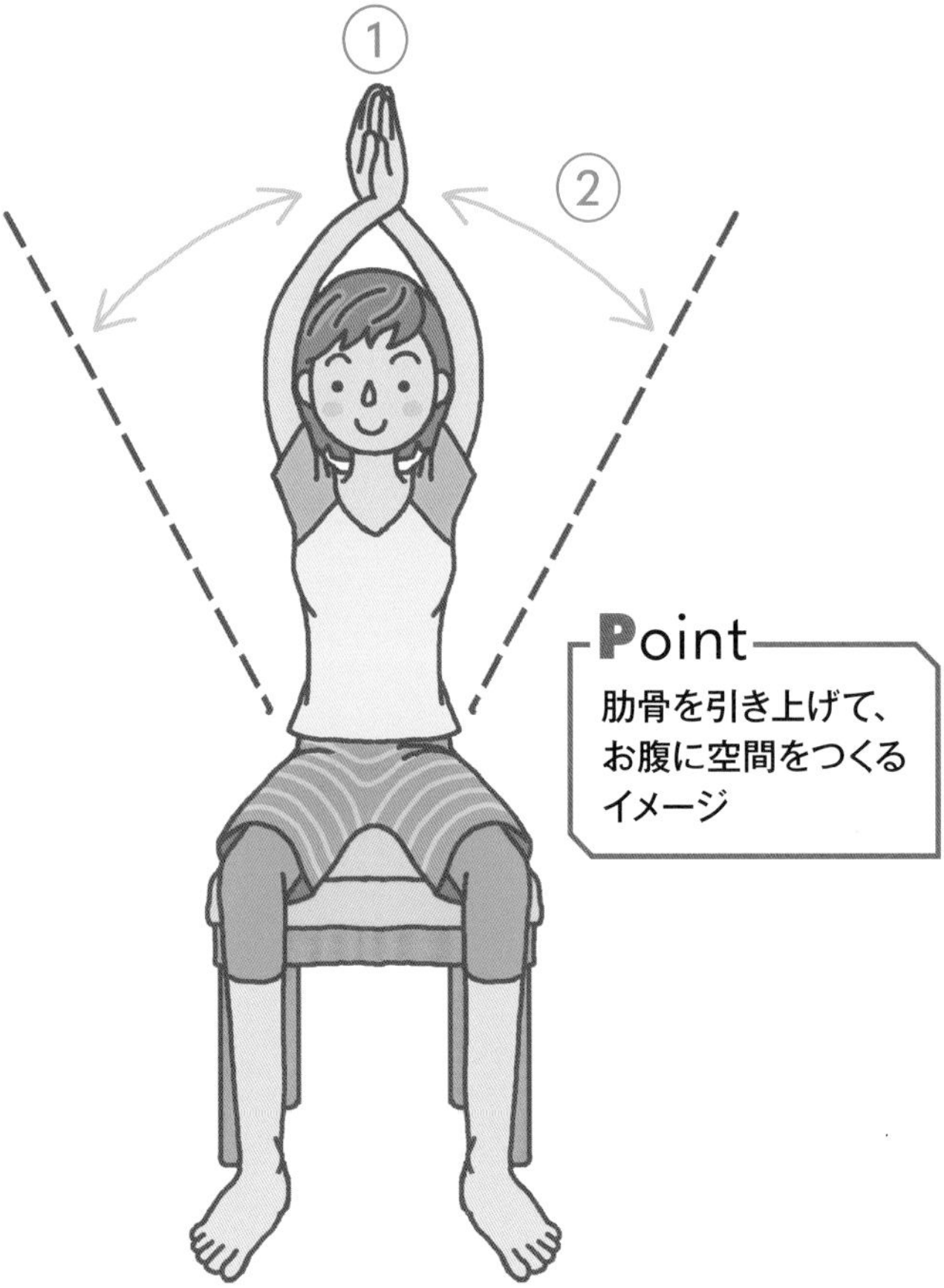
①
②
Point
肋骨を引き上げて、
お腹に空間をつくる
イメージ

1. 頭の上で両手をクロスする。

2. 上体をゆっくり4秒かけて左に倒したら、
4秒かけて真ん中まで戻す。
右にもゆっくり4秒かけて倒したら、4秒かけて
真ん中まで戻す。左右交互に3セット行う。

■合わせ技■

慣れてきたら、スカイツリースイングと呼吸法の合わせ技がおすすめです。**呼吸と左右の動きを連動させることで、腸もみ効果がアップ**します。

1と2を交互×3セット

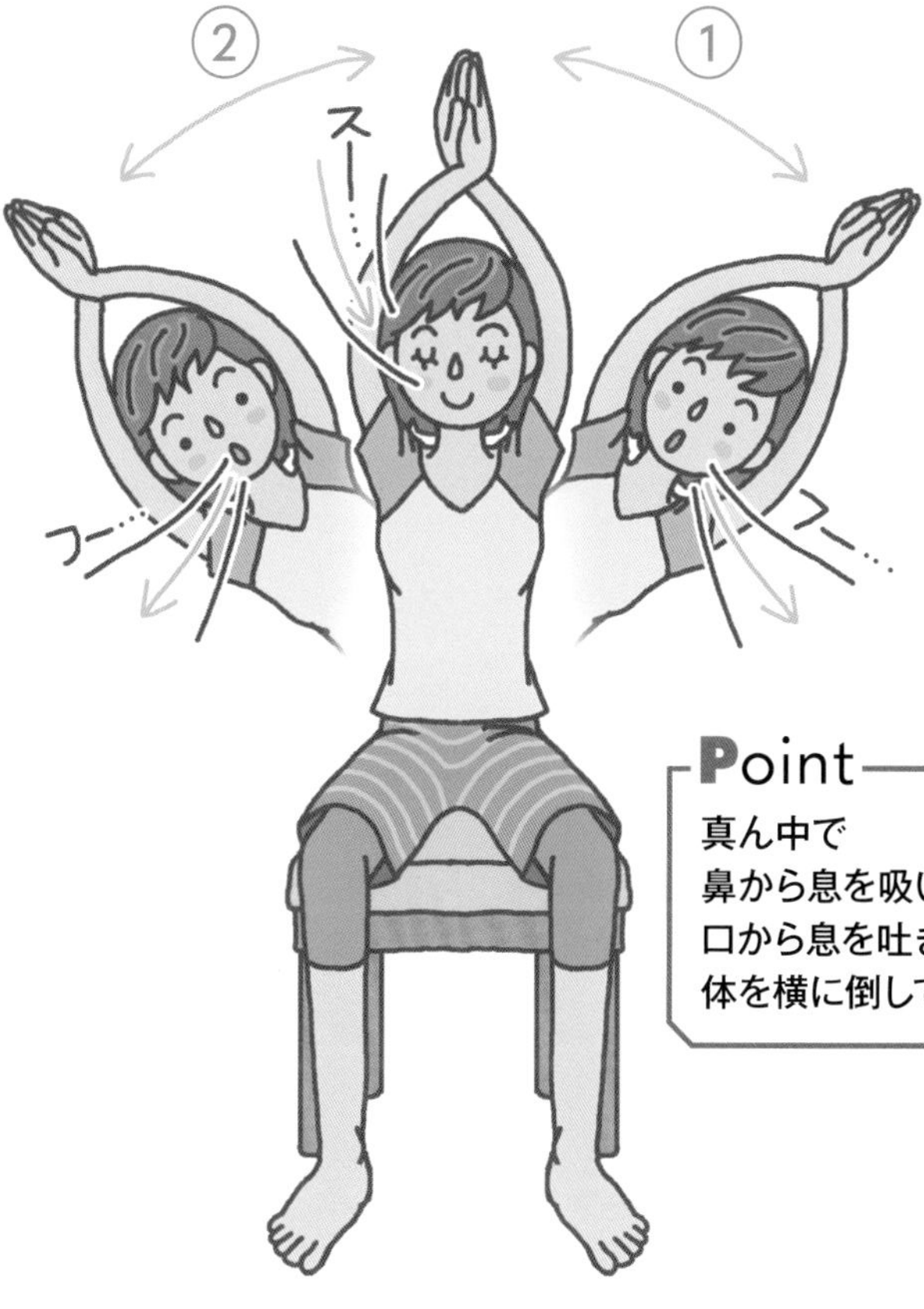

Point

真ん中で
鼻から息を吸い、
口から息を吐きながら
体を横に倒して戻す

1 鼻から息を４秒吸い、口から息を８秒で吐きながら、上体を左に倒して真ん中まで戻す。

2 次に、鼻から息を４秒吸い、口から息を８秒で吐きながら、上体を右に倒して真ん中まで戻す。1と2を交互に３セット行う。

歩く前に肩甲骨・骨盤・足首を連動させる

トカゲエクササイズ

「さあ、今日も歩くぞ」と玄関を出ようとする前に、ちょっと待ってください！

出かける前に玄関の内側で、ぜひやっていただきたいエクササイズがあります。

歩く時には、肩甲骨（19ページ）や骨盤、股関節や足首など、さまざまな部位を連動させることが重要ですが、筋肉がほぐれていないとうまく連動できません。

そこでこのトカゲエクササイズをすれば、**歩く時に必要なすべての筋肉をしっかりほぐせます**。肩甲骨や骨盤、股関節や足首だけでなく、多くの筋肉を同時に動かせるので、数回やるだけで全身の筋肉が連動しやすくなるのです。

トカゲの動きのように脇腹を縮めたり伸ばしたり、背骨を左右にしならせるように動かすことで、かたくなっている背骨回りの筋肉がゆるみやすくなる効果も。

ねこ背の解消と予防にもつながり、もっともおすすめしたいエクササイズです。

健康的な日常生活で、歩かない日はありません。このおトクなエクササイズを生活習慣に取り入れて、いつまでも自分の足で歩ける若々しい体を保ちましょう。


スマホで動画を観る！

左右交互×5セット

1

足を肩幅に開いて立ち、手は腰に当てる。骨盤を4秒かけて引き上げる。左右交互に5セット行う。

2

右の骨盤を上げた時に右の肩を下ろして、右の脇腹を縮める。この時、右の肩甲骨を少し内側に入れ込む。

3

4秒で左手を大きく回しながら上げて左の脇腹を伸ばし、肩甲骨を引き上げる。反対側も同様に行う。2と3を左右交互に5セット行う。

Point

脇腹の伸縮の左右差（ゆがみ）をチェックできるので、できれば全身が映る鏡の前でやるのがおすすめ

ねこ背・首こり・肩こりを予防する
正しい座り方

一見ラクな座り姿勢が、体に負担をかけているのをご存じですか？　椅子に長時間座っていると、背中を丸めた仙骨《せんこつ》座りの姿勢になりがちで、ねこ背の原因に。座っている時間を有効に使って、きれいな姿勢を体に覚えさせましょう！

正しい座り方のチェックポイントは3つ。①**椅子の座面に骨盤の坐骨《ざこつ》を立てて座る。**坐骨を立てると骨盤も立った状態になります。②**骨盤の真上に頭を乗せる**ように姿勢を整える。腰への負担が軽くなります。③**足裏全体を床に着ける。**体重が足裏に均等に乗るので疲れず、しかもきれいな姿勢を長時間保てます。

この状態だとお腹側が伸びて、腸が動く空間をキープできます。慣れてきたら背もたれから少し体を離して座ると、腹筋が使われるのでお腹の引き締め効果も。

また、座っていると肩が前に出てしまう人が多いのですが、気づいたら手の位置を変えてみて。**肩をグッと後ろに引き、肘を曲げて手のひらを上にしてももの上に乗せましょう。**肩が正しい位置に戻り、ねこ背や肩こりを予防できます。

スマホで動画を観る！

椅子に座っている時間

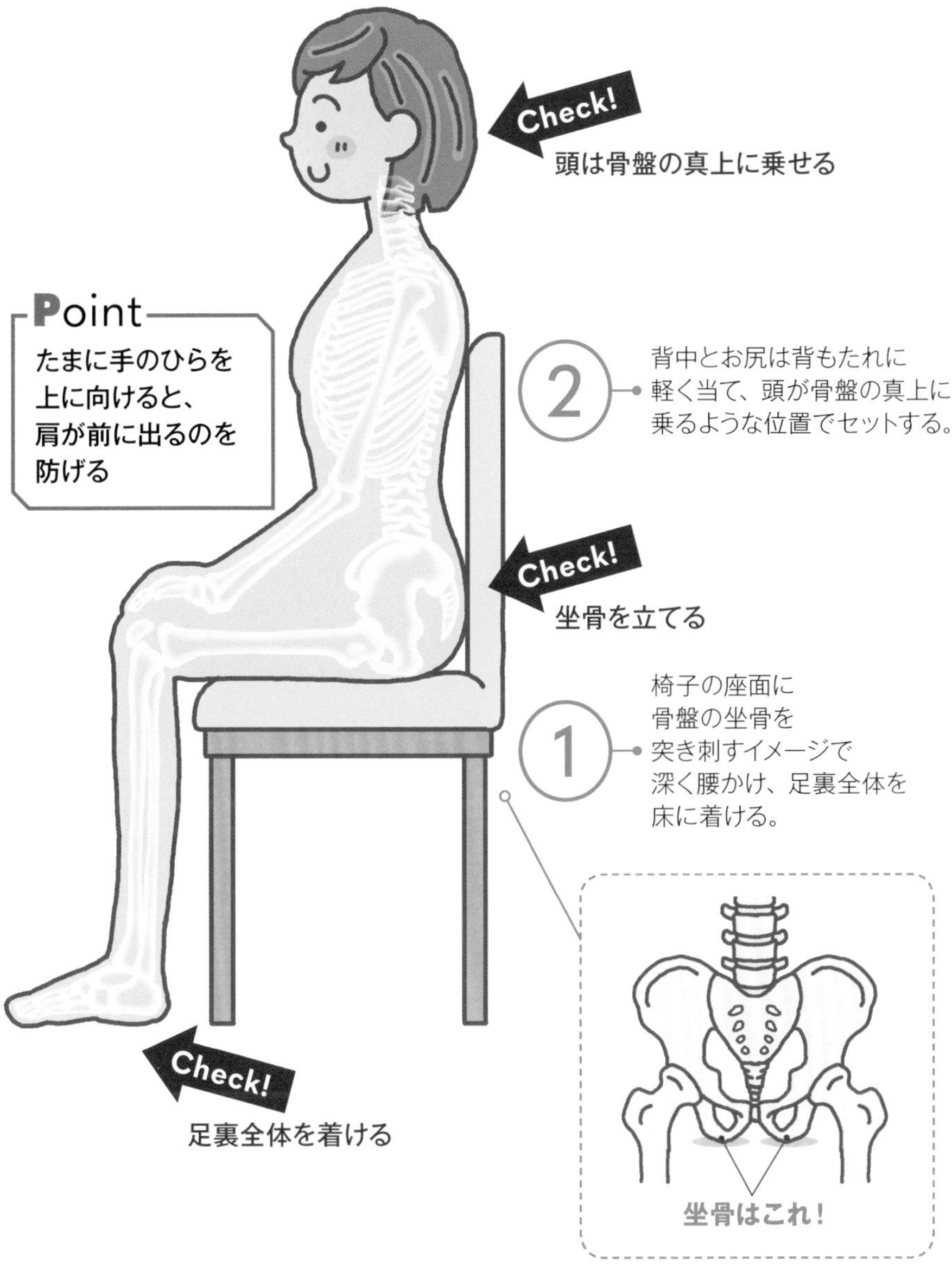
Check!
頭は骨盤の真上に乗せる
Point
たまに手のひらを
上に向けると、
肩が前に出るのを
防げる
2
背中とお尻は背もたれに
軽く当て、頭が骨盤の真上に
乗るような位置でセットする。
Check!
坐骨を立てる
1
椅子の座面に
骨盤の坐骨を
突き刺すイメージで
深く腰かけ、足裏全体を
床に着ける。
Check!
足裏全体を着ける
坐骨はこれ！

ねこ背・首こり・肩こりを予防する
直角ムーブ

正しい姿勢で座っていても、足を曲げた状態が長時間続くと、足のつけ根にある鼠《そ》径《けい》リンパ節が圧迫されます。リンパ節は体内の老廃物を濾《ろ》過《か》する関所のような働きがあるので、ここが圧迫されると老廃物が流れず溜まってしまいます。

圧迫予防のためには、ときどき立ち上がるのがおすすめです。**理想は40分に1回**ですが、無理なら1~2時間に1回でもいいので、トイレやお茶の時間などを自分で決めて、立ち上がる習慣をつけてくださいね。

立ち上がったついでに、エクササイズで全身の血流やリンパの流れを改善しましょう。背中や腕を動かす直角ムーブなら、**首こりや肩こり解消にも効果的です。**

次ページの**1**では肩回りや、肩甲骨の間にある菱形筋に刺激が入ります。この周辺には別名ダイエットスイッチとも呼ばれる褐色脂肪細胞が多数あるので、**刺激することで背中の余分な肉が取れ、体全体の脂肪も燃焼しやすくなります。**

さらに**2**では、**二の腕の振り袖肉や脇周辺のハミだし肉も撃退できます。**

スマホで動画を観る！

1と2×各10回

2がきつい人は、
1だけを20回や
ってもOK！

肩を引き、戻す

1 足は肩幅に開き「前にならえ」の姿勢になり、肘を90度に曲げる。肩を後ろに引き、戻すのを10回行う。

2 さらに、手首も90度に曲げる。この状態で肩を後ろに引き、戻すのを10回行う。

Point

肩甲骨を寄せて、ダイエットスイッチを刺激する

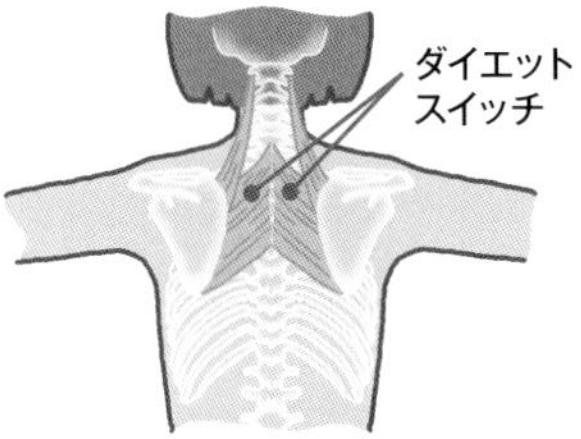

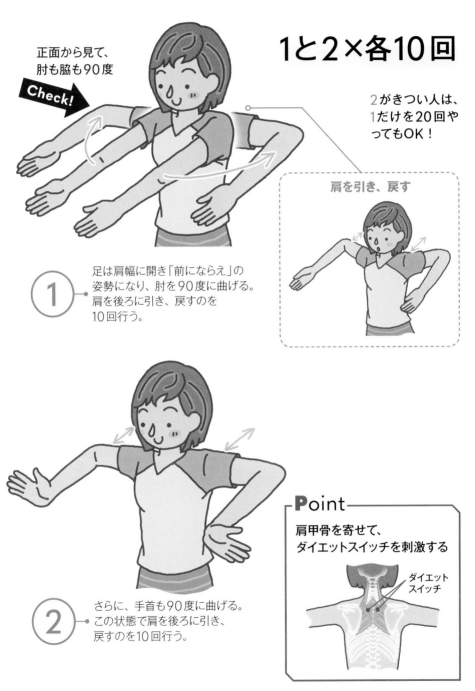

骨盤のゆがみをケアする

骨盤上げ下げ

一日の疲れを癒《いや》すお風呂タイムは、骨盤のゆがみを改善するチャンスです。全身が映る鏡の前に立ったら、エクササイズを始めましょう。

上半身を動かさずに、骨盤を左右交互に下から突き上げることで、**骨盤回りの筋肉が柔軟に動けるようになり、骨盤のゆがみを改善できます。**

腰痛があったり骨盤回りの筋肉がかたかったり、腰に肉がたくさんついている人は、体重が足の小指側に乗りがちです。この姿勢は骨盤が傾いてしまうので、注意してくださいね。エクササイズの効果を高めるには、**体重を親指側にしっかり乗せることを意識**しましょう。鏡を見て、確認しながらやるのがおすすめです。

実際にやってみると、親指側に体重が乗ると足の内側の筋肉が使われているのがわかります。とくにももの内側の内転筋（19ページ）は、体を立てる役目を担っている大切な筋肉、しっかり鍛えましょう。レッスンでは、このエクササイズで**腰回りがスッキリした、足が細くなった**という嬉しい報告をたくさんいただきます。

スマホで動画を観る！

1と2を交互×10セット

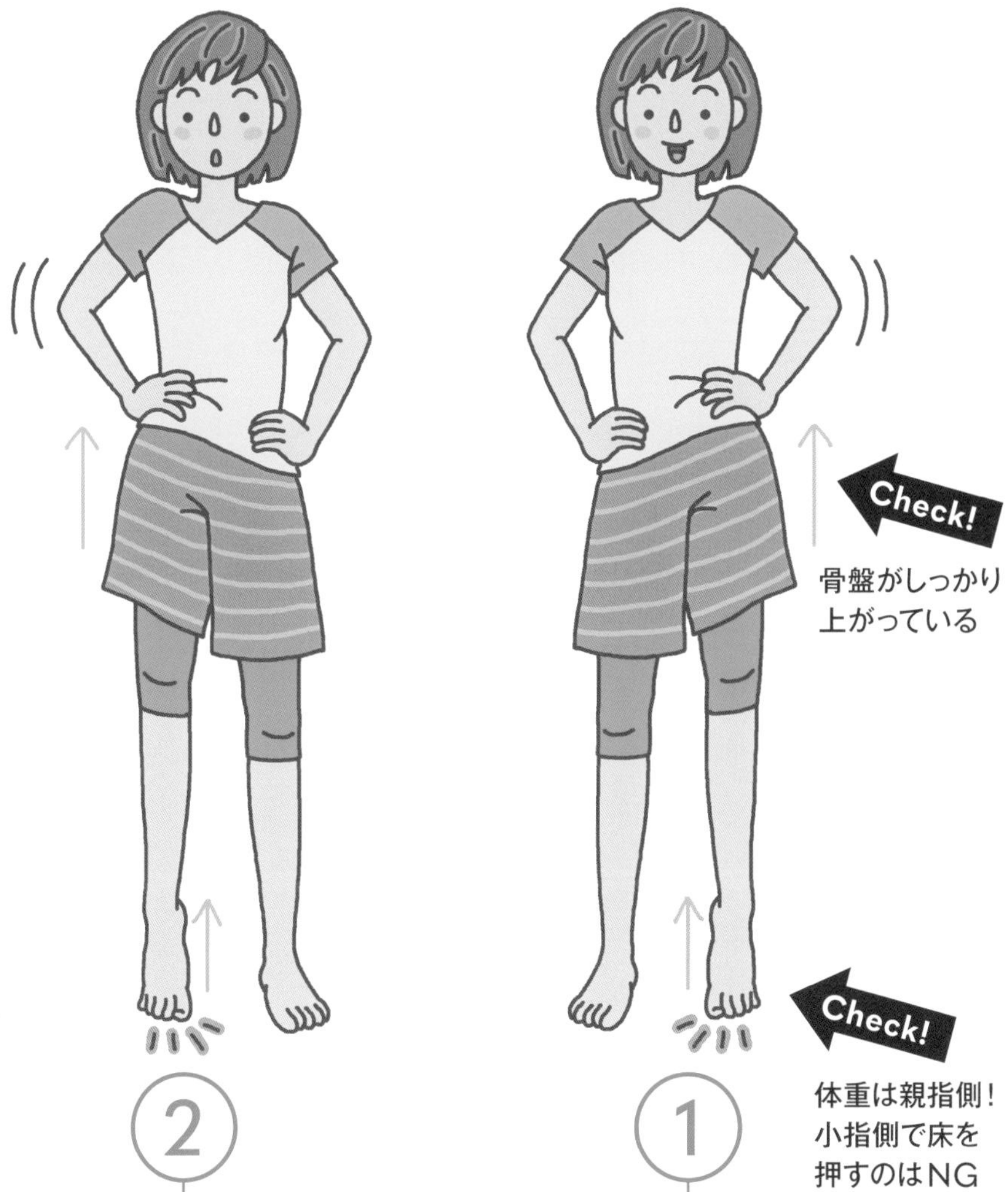
Check!
骨盤がしっかり
上がっている
Check!
体重は親指側！
小指側で床を
押すのはNG
2
1

反対側の骨盤も同様に動かす。
1と2を交互に10セット行う。

足は肩幅に開き、手は腰に当て、膝を軽く曲げる。左足の親指のつけ根で床を押し、左の骨盤を突き上げ、元の位置に戻す。これを4秒で行う。

足のゆがみをケアする
足指屈伸

お風呂で温まったら、疲れを明日に持ち越さないために足をしっかりケアして。

足のケアと聞くと、多くの人はふくらはぎやかかとをもみがちです。でも、じつは**足指こそしっかりケアしたい部位**。体の基礎ともいえる足指は、**全身の筋肉を動かすためのセンサーの役目を担っている**ので、足指が動かないと歩きにくかったり疲れたりするだけでなく、ももや腰、背中など全身の筋肉にも悪影響を与えます。

エクササイズでは、足指一本一本をしっかり丁寧に動かします。指がうまく動かなかったら、反対の手を添えてもOKです。毎日続けていると徐々に動くようになります。足指に柔軟性が戻ると、足指のセンサーが働き全身の筋肉への連動も起こるので、**体の動きに合わせて必要な筋肉が適切に使われるようになります。**

とくに、一日中ヒールを履き続けた人は指先がギュッと固まったり丸まったりしているので、このエクササイズでしっかりケアしてくださいね。

足指に柔軟性を取り戻し、いつまでも若々しくカッコよく歩きましょう！

スマホで動画を観る！

1と2を交互×10セット

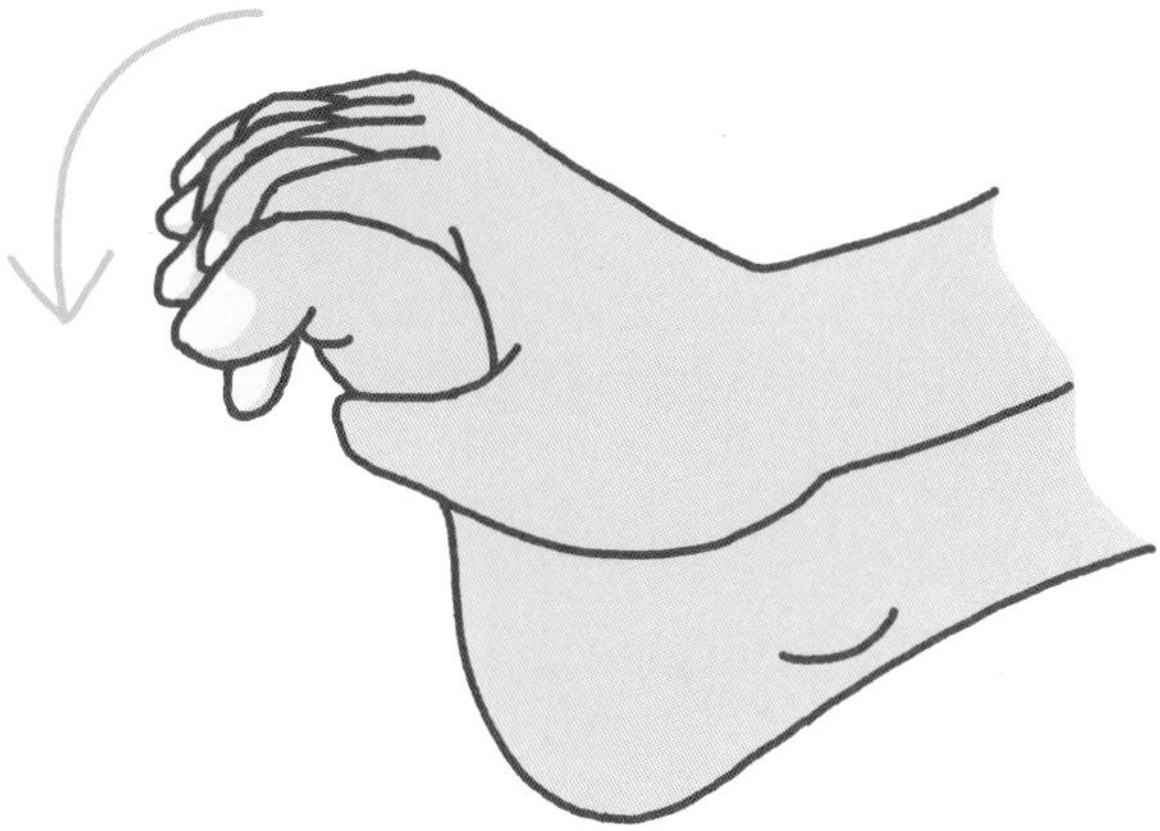

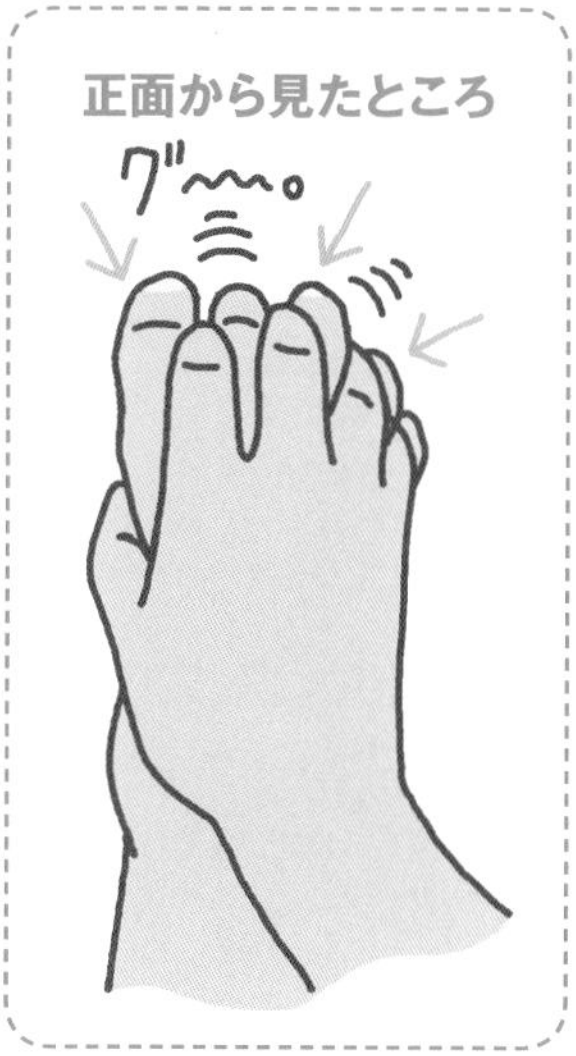

1 足の指の間に手の指を一本ずつ入れ、ギューッと丸める。反対の手を添えてもいいので、しっかり丸める。

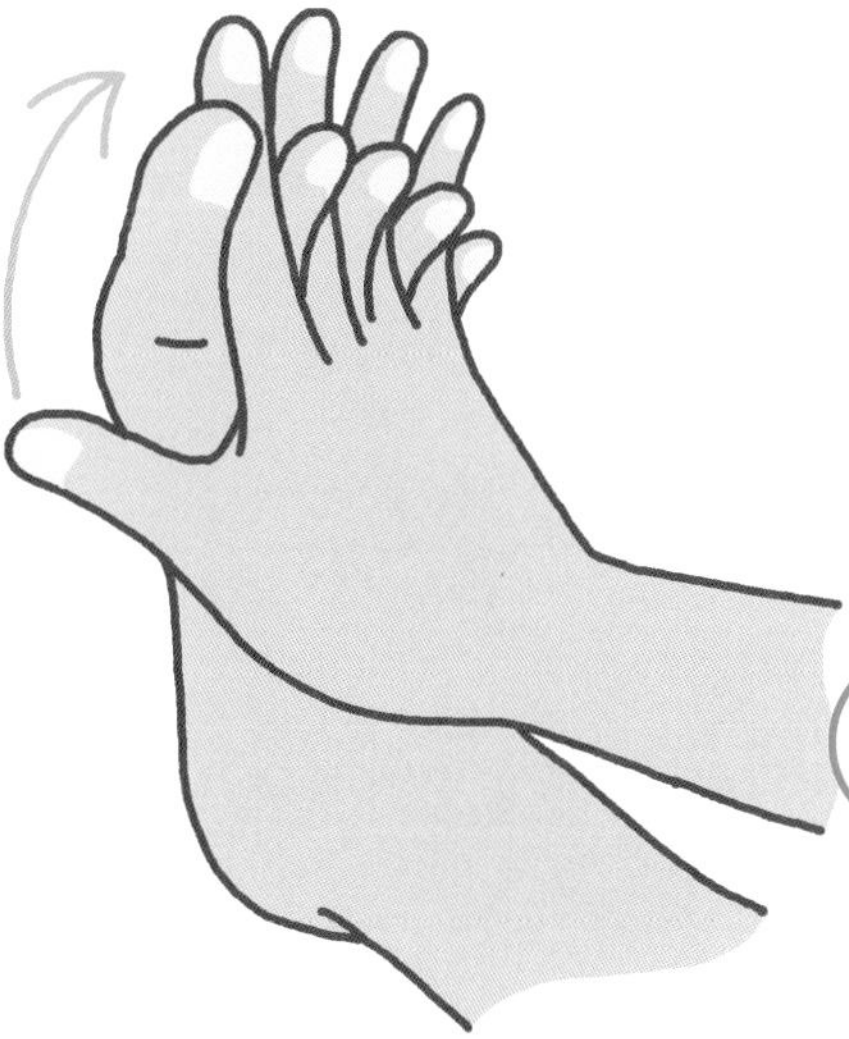

2 力を抜いて足指をしっかり反らせる。1と2を交互に10セット行ったら、反対側の足も同様に行う。

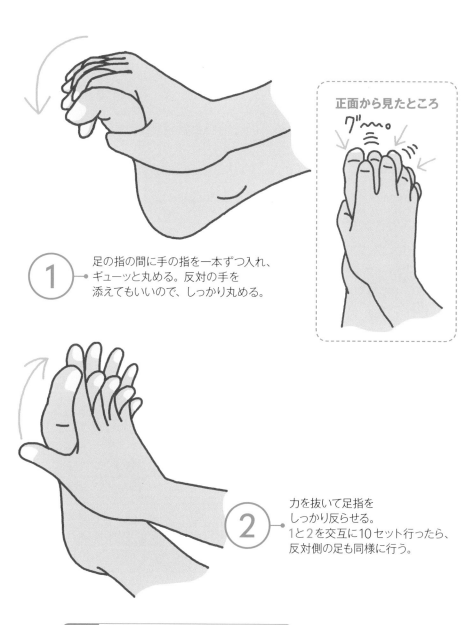

顔のゆがみをケアする
口輪筋ほぐし

口元の**口輪筋《こうりんきん》は、顔のほとんどの筋肉と密接に関わっています**。ほぐすことでほうれい線や口回りの縦ジワ、たるみの予防に加え、小顔効果もあります。お風呂で鏡を見ながら、舌回しとムンクの叫びを試してみてくださいね。

舌回し

このエクササイズでは、ちょっと恥ずかしいくらい唾液《だえき》がたくさん出ます。唾液には体を守ってくれる免疫細胞が含まれているので、**唾液の分泌量が多い人は免疫力が高い**といわれています。でも、年齢とともに唾液の量は減っていくので、ウイルスや細菌感染が心配される今こそ、免疫力を高める意味でもおすすめです。

ムンクの叫び

あごの筋肉は衰えやすいので、年を重ねると口を大きく開けにくくなります。あごを縦に大きく下げ、**口元の機能改善と若返りを目指して**。片噛《かたが》みや食いしばりなどのクセがある人は、舌回しと合わせてやると顔のゆがみ改善の効果があります。

スマホで動画を観る！

舌回し　左右×各5周

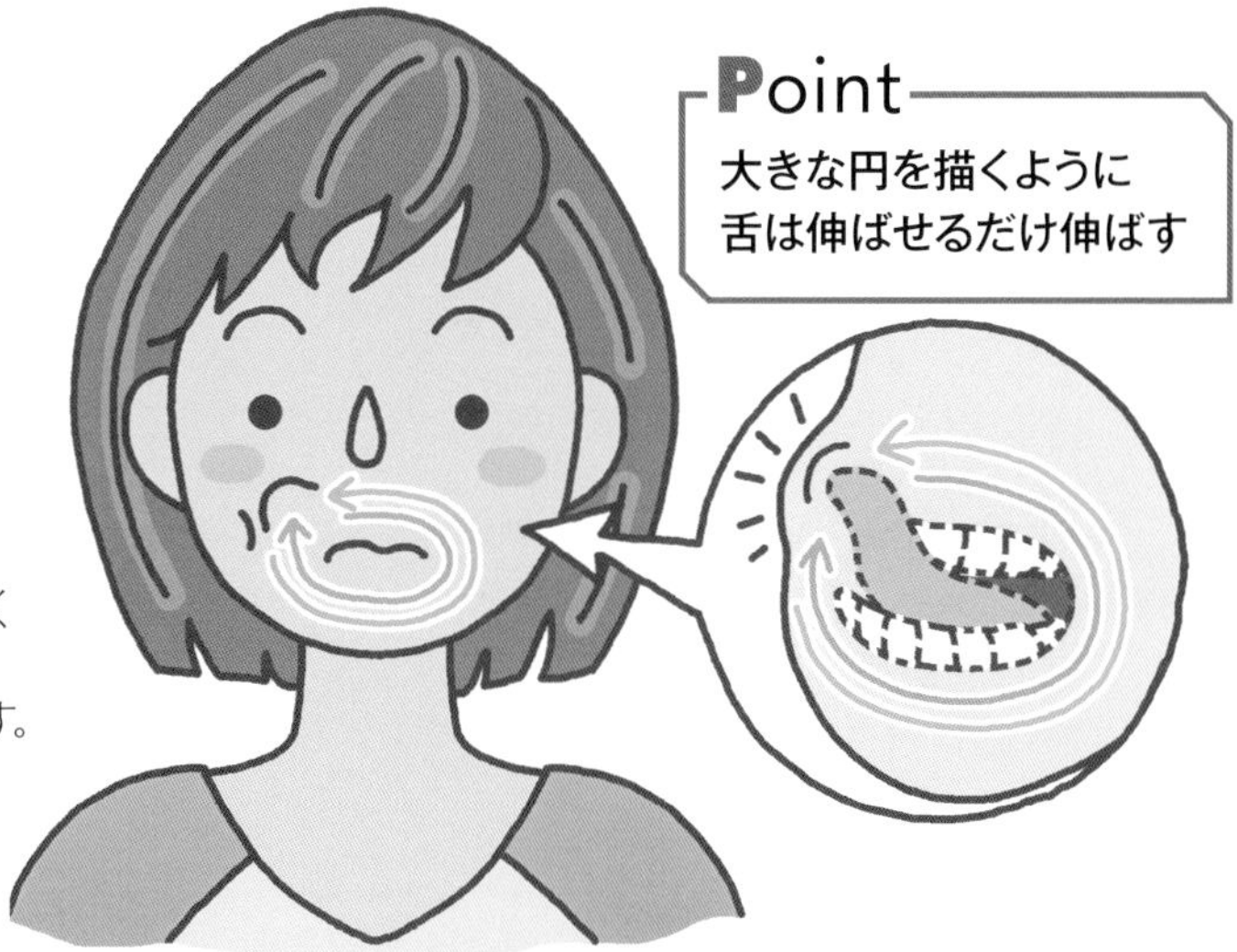
Point
大きな円を描くように
舌は伸ばせるだけ伸ばす

歯茎に舌を当てて、
時計回りに舌を大きく
ゆっくり5周回す。
反対回りにも5周回す。

ムンクの叫び　5秒キープ×5回

Point
あごは下がる
ところまで下げる

頬に手を当て、軽く
押しつけて抵抗を加える。
そのまま口を縦に
大きく開いて5秒静止し、
元に戻す。5回行う。

寝る前に

一日の疲れをリセットする 股関節回し

眠る前は、ベッドや布団の上で寝転がってできるエクササイズで、**股関節をしっかり動かして老廃物を流し、疲れをリセット**しましょう。

本来、足のつけ根の股関節はスムーズに回るようにできています。でも、日中仕事などで長時間座っていた人は、股関節周辺の筋肉がかたくなり、回りにくくなっています。ここには大きなリンパ節があるので、圧迫から解放することが重要。

股関節がスムーズに動くようになると血流やリンパの流れが改善し、溜まった老廃物を排出できます。さらに、**股関節を動かすとかたくなっている骨盤回りの筋肉がゆるむ**というダブル効果もあります。

回している足側の腰は、ベッドや布団から浮かないように注意してくださいね。足は伸ばした後、いったん下に置くことで腰への負担を減らせます。

また、早く効果を出そうと最初から無理をして回さないこと。できる範囲でいいので、**内回しも外回しもゆっくり回す**のが効果を高めるコツです。

スマホで動画を観る！

外回しと内回しを交互×3セット

外回し

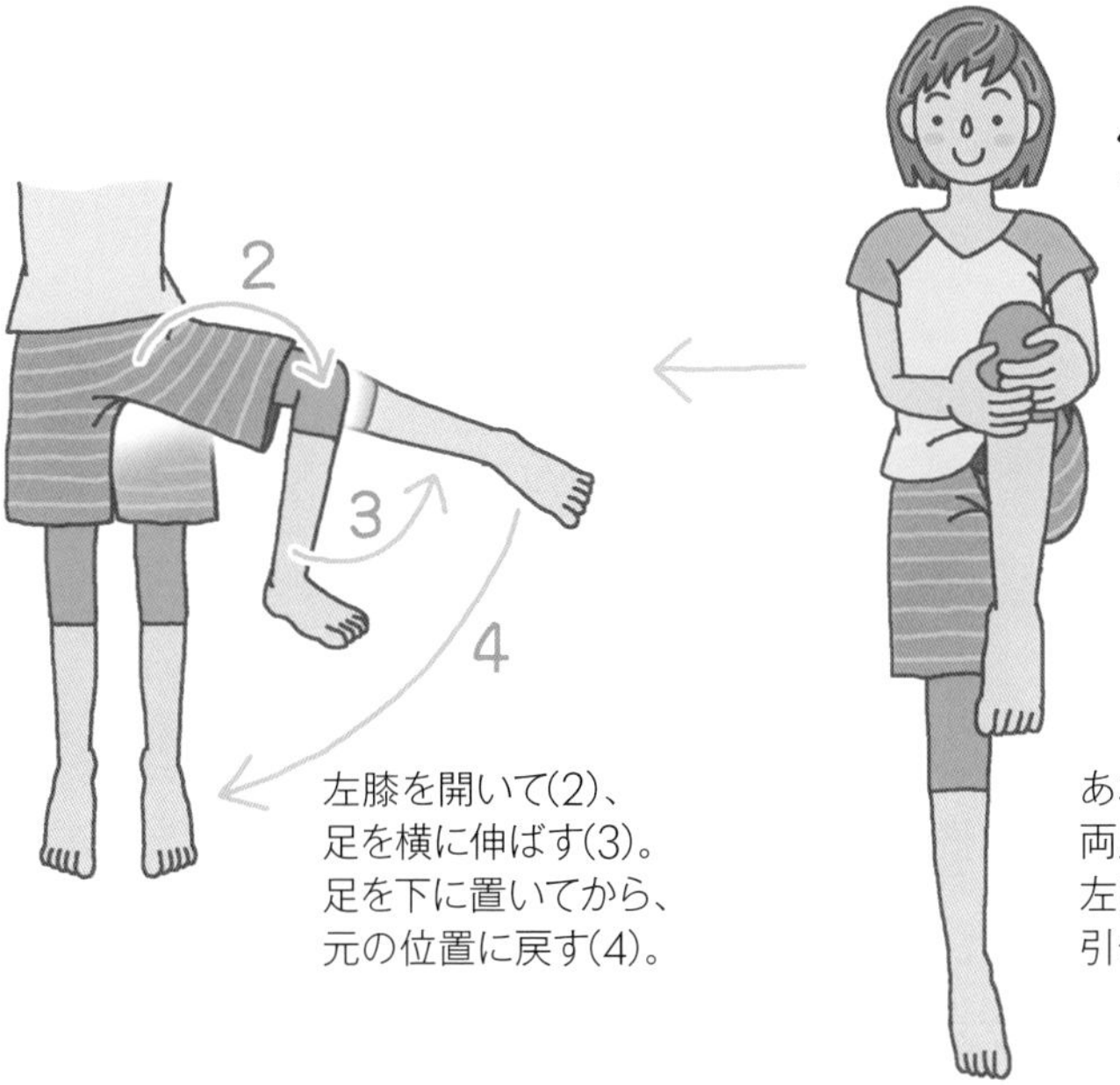

あお向けになり、
両足を伸ばす。
左膝を胸に
引き寄せて5秒静止(1)。

左膝を開いて(2)、
足を横に伸ばす(3)。
足を下に置いてから、
元の位置に戻す(4)。

内回し

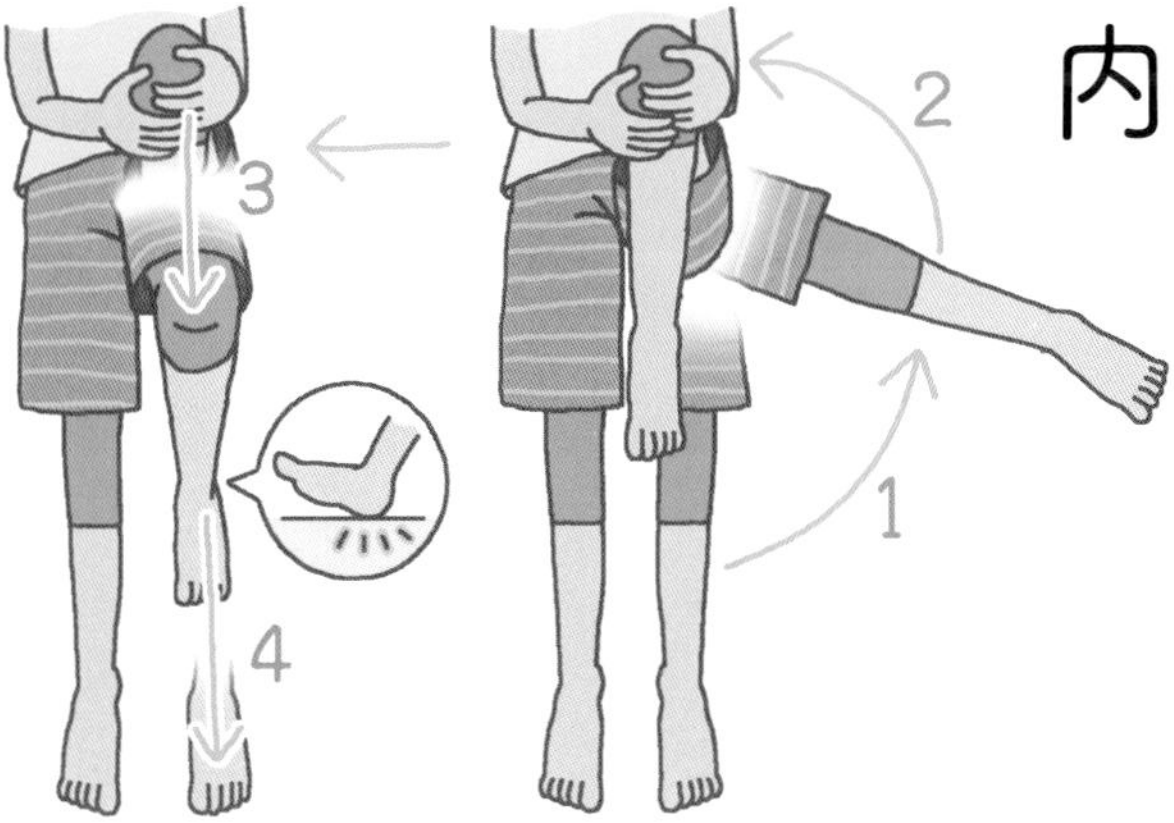

Point
足は下に置いてから元の位置に戻す

外回しの逆。左足を横に伸ばしてから(1)、膝を曲げながら回し(2)、胸に引き寄せ5秒静止し(3)、元の位置に戻す(4)。

外回しと内回しを交互に3セット行う。

右足も同様に行う。

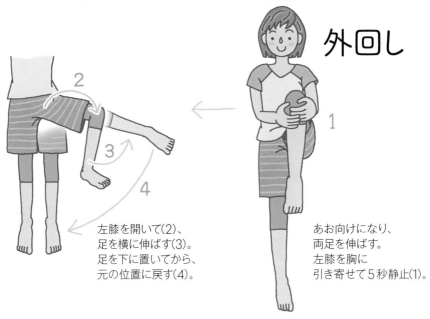

寝る前に

一日の疲れをリセットし、深い眠りに導く

腹式呼吸・胸式呼吸

一日の締めくくりには呼吸のエクササイズを。**呼吸には、胸式呼吸と腹式呼吸の2種があります。**息を吸った時に、お腹を膨らますのが腹式、胸を膨らますのが胸式。どちらの呼吸も横隔膜をしっかり動かすことをイメージしてください。

腹式も胸式も、鼻から息を吸い口から息を吐きますが、息を吐き切ることが深い呼吸のコツ。**肺と肋骨を前後左右に広げるように行いましょう。**

▬腹式呼吸▬

夜眠る前には、腹式呼吸がおすすめです。腹式呼吸には**リラックス効果をもたらす**副交感神経を優位にする働きがあるといわれています。体の力を抜いた状態で、ただ呼吸に集中しているだけで、いつの間にかぐっすり眠れますよ。

▬胸式呼吸▬

腹筋を使い、お腹をぺたんこにして空間をつくるので、腸が活性化します。交感神経が優位になるので、体も意識もキリッとさせたい**朝や昼間**におすすめです。

スマホで動画を観る！

腹式呼吸　5回

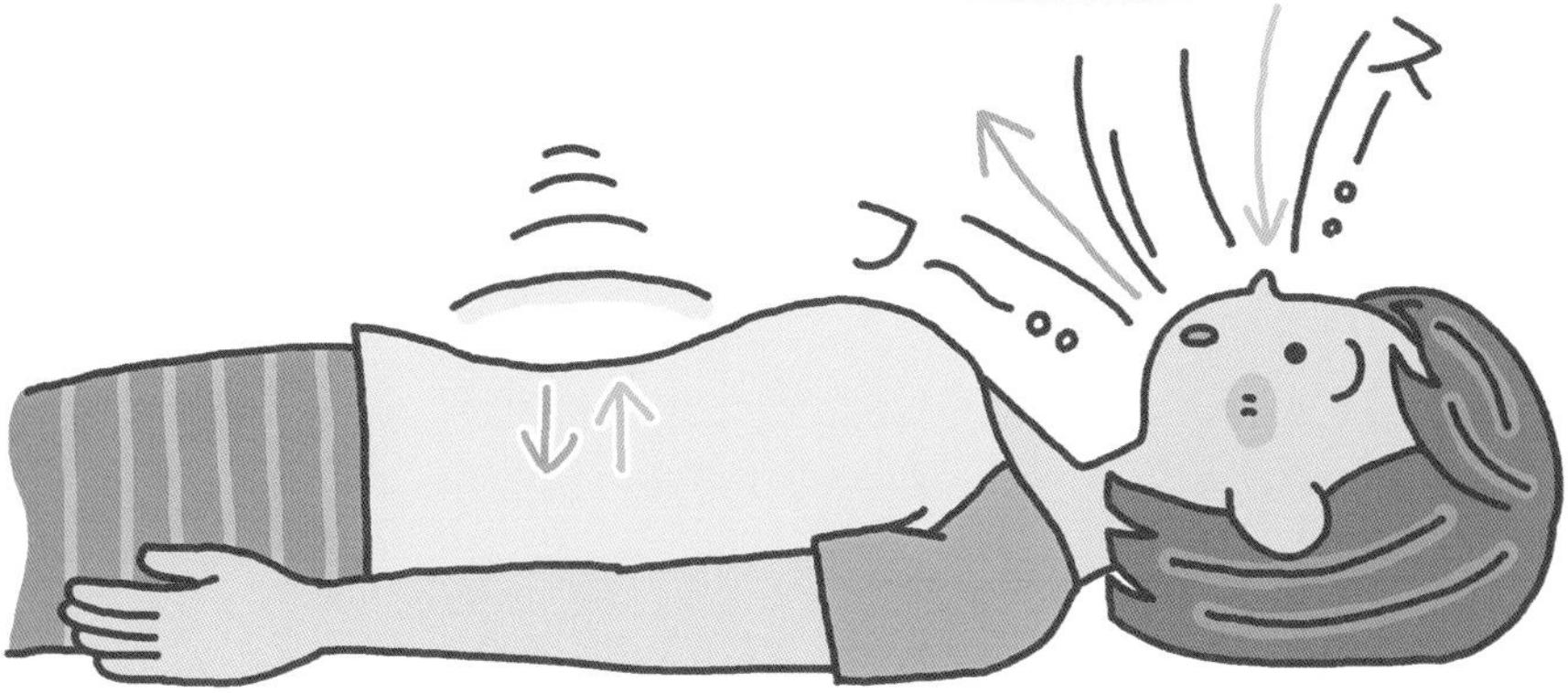

お腹の力を抜いて、少しお腹が出るくらいのイメージで鼻から深く息を吸う。次に、お腹がぺたんこになるまで口から息をしっかり吐き切る。

胸式呼吸　5回

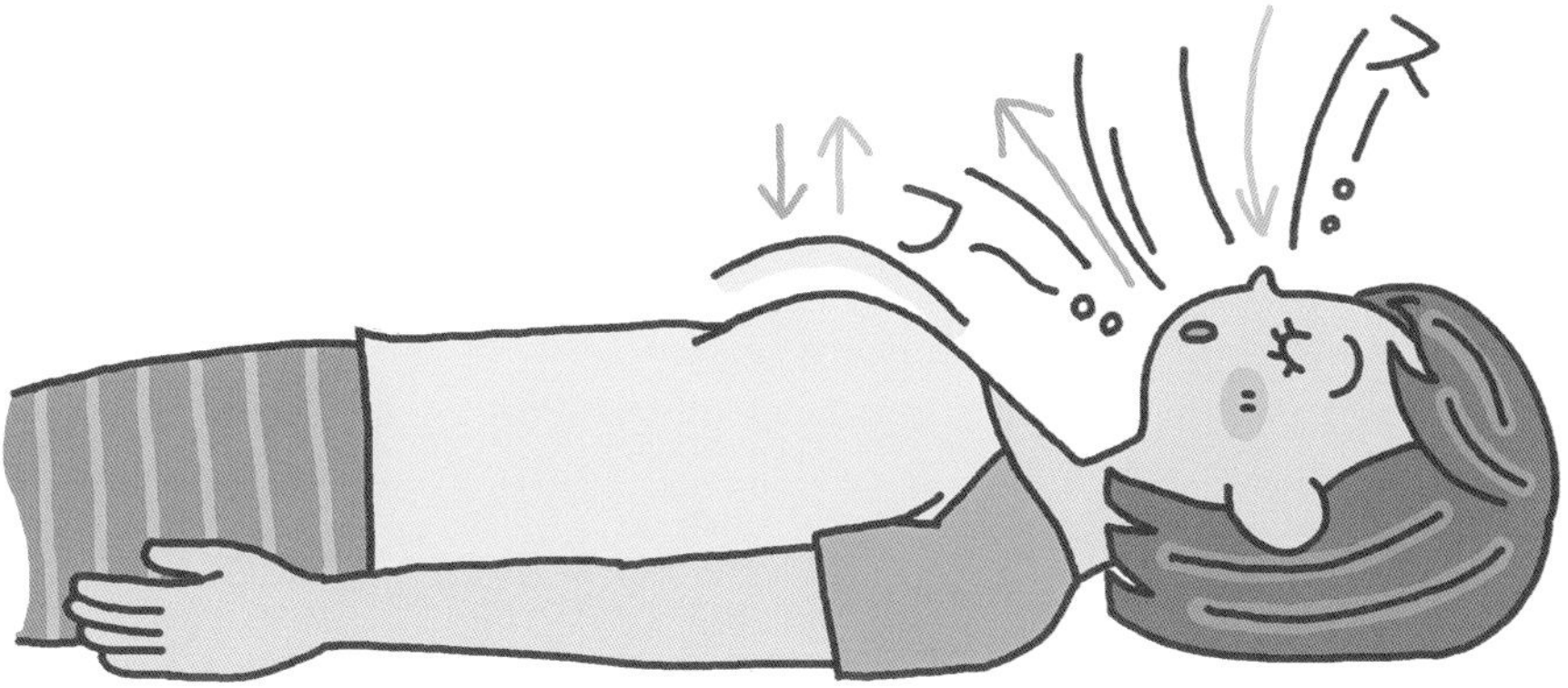

お腹をぺたんこにした状態で、鼻から息を吸いながら胸を大きく膨らませる。次に、口から胸の息をしっかり吐き切る。

第2章

いよいよ歩きます！

骨盤腸整ウォーキングの極意

骨盤腸整ウォーキングでは、体の関節を本来あるべき方向に動かしながら、全身の筋肉を使うことを目指します。

歩くだけで体の外側と内側の筋肉をしっかり使えるので、わざわざジムに行かなくても筋トレができるし、マッサージや骨盤矯正に行かなくても筋肉や骨盤の機能を正しく保つことができます。

ねこ背やO脚、便秘など、日頃のさまざまな不調を改善でき、ぽっこりお腹や肥満もスッキリ解消。

ふだん使えていない、老け筋（衰えると老けて見える筋肉）が集まっている**体の後ろ側を積極的に使うので、いつまでも若々しい体をキープできます。**

骨盤腸整ウォーキングは、時間や体力、特別な道具がなくても一生続けられる、まさに**時短と節約を兼ね備えた究極のトレーニング方法**です。

動きやすいウエアに着替えたら、さっそく歩き方レッスンを始めましょう！

見た目が若返り、体の内側も健康にしてくれる
正しい歩き方レッスン

体がゆがんだり、ねこ背のままでは正しい歩き方はできません。まずは、壁立ちして正しい姿勢を確認しましょう。

正しい歩き方のポイントは以下の3つです。①**足幅は靴1足分**、②**着地はかかとから**、③**手をしっかり後ろに振る**。最初は一つずつ確認しながら歩いてください。慣れてくると、意識しなくても自然にできるようになりますよ。

壁立ちからスタート

詳しくは30ページの壁立ちを参照してくださいね。

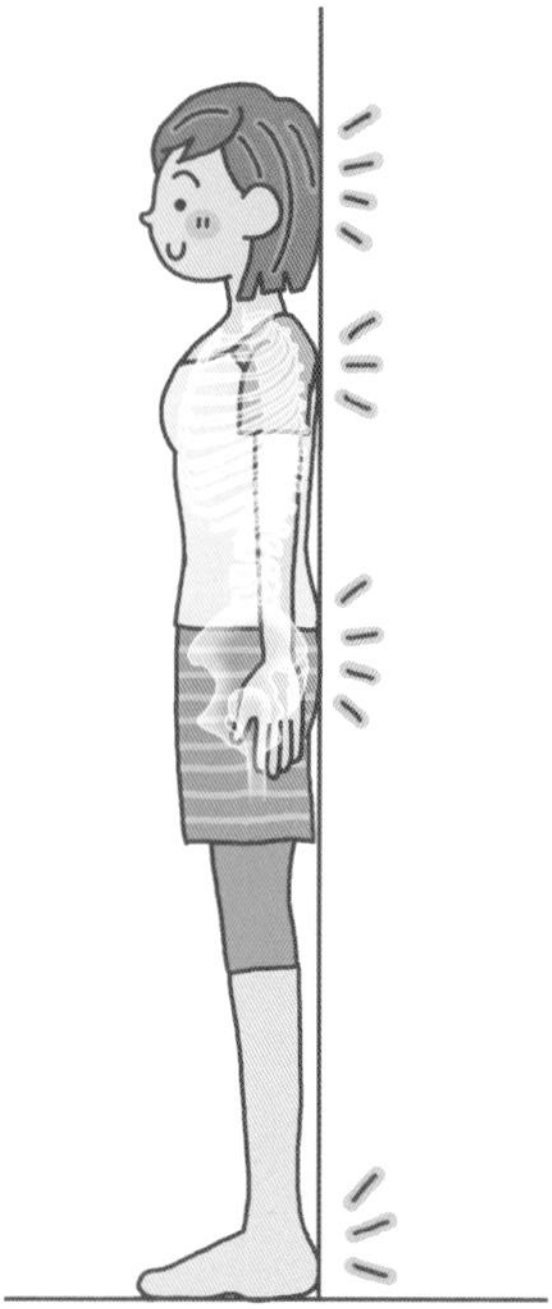

壁立ち

骨盤は床に対して垂直に立て、骨盤の真上に頭を乗せる。

スマホで動画を観る！

ポイント 1

足幅は靴1足分からはみ出ない

靴の幅で歩くと足が少し内側に入るので、
内ももの筋肉が使われ足が細くなります。

膝が正面を向くように、意識して歩く。

左右の足の間から後ろの景色が見えないくらいの足幅で歩く。

靴1足分の幅の中で歩くイメージ。

Advice!

靴1足分からはみ出ないといっても、足を外から回すのはNG 。膝はスッと伸ばして歩いてね。

ポイント 2

かかとから着地する

つま先を持ち上げてかかとから着地することで、
足首をしっかり動かせるので、ふくらはぎの動きも活発になります。

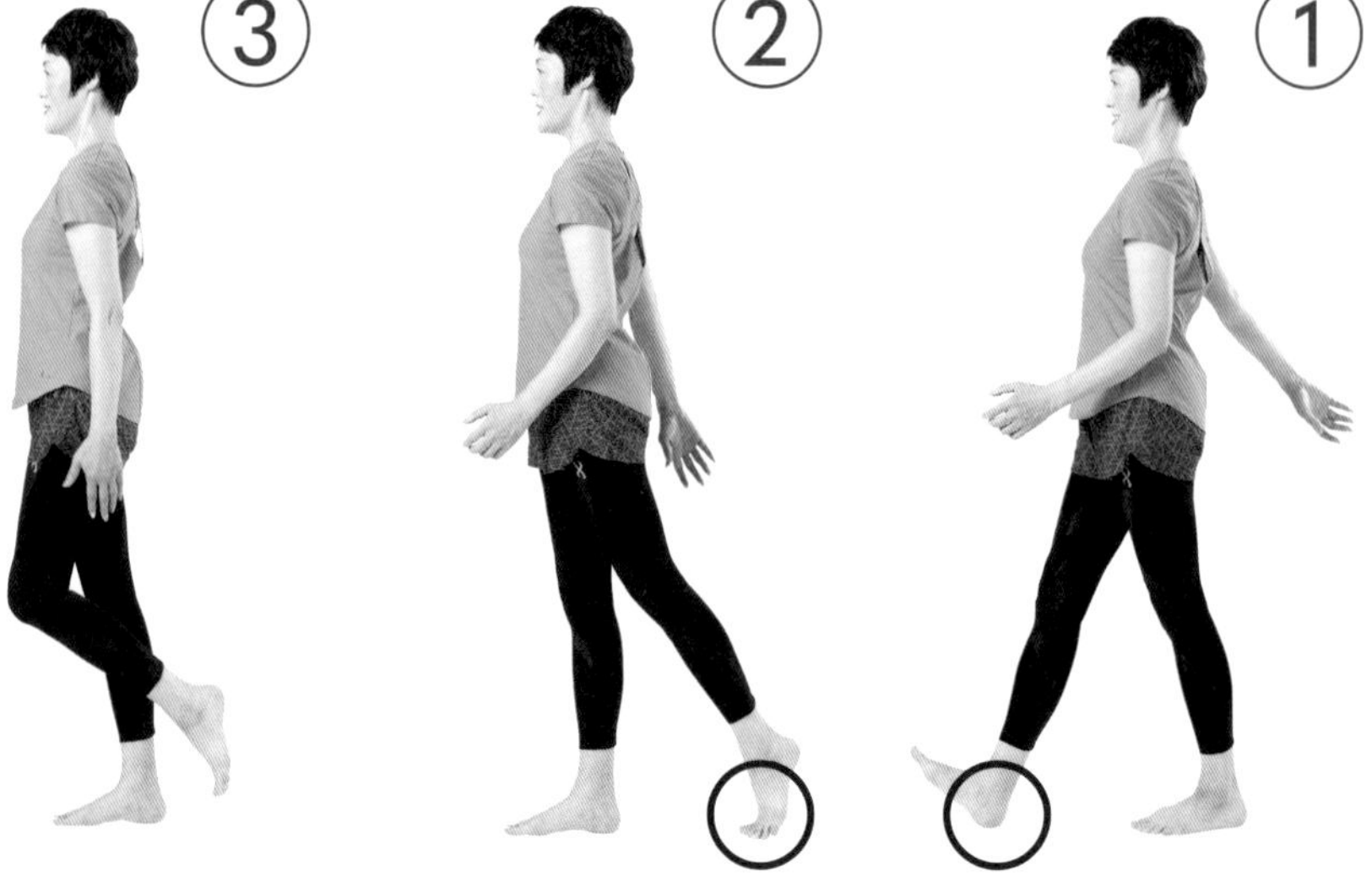

①
軽く膝を伸ばしてかかとから着地すると、つま先が上がりやすい。

②
前足に体重を移動し、同時に後ろ足の親指のつけ根で押しだす。

③
一瞬前足に全体重を乗せ、次に後ろ足を前に出す。足を替えて1～3をスムーズに繰り返す。

足裏を使った着地の仕方

❶ かかとを着く。
❷ 土踏まずの外側に体重を移動する。
❸ 親指のつけ根で押しだす。

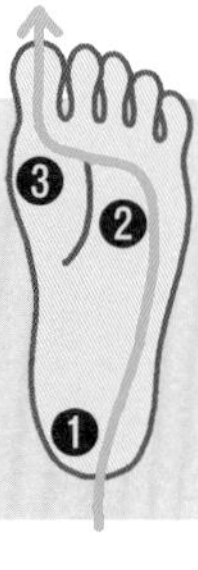

ポイント 3

手は後ろに振る

脇を締めて腕を後ろに引くと、肩甲骨が動きます。
気になる二の腕のダブつきを引き締める効果もアリ！

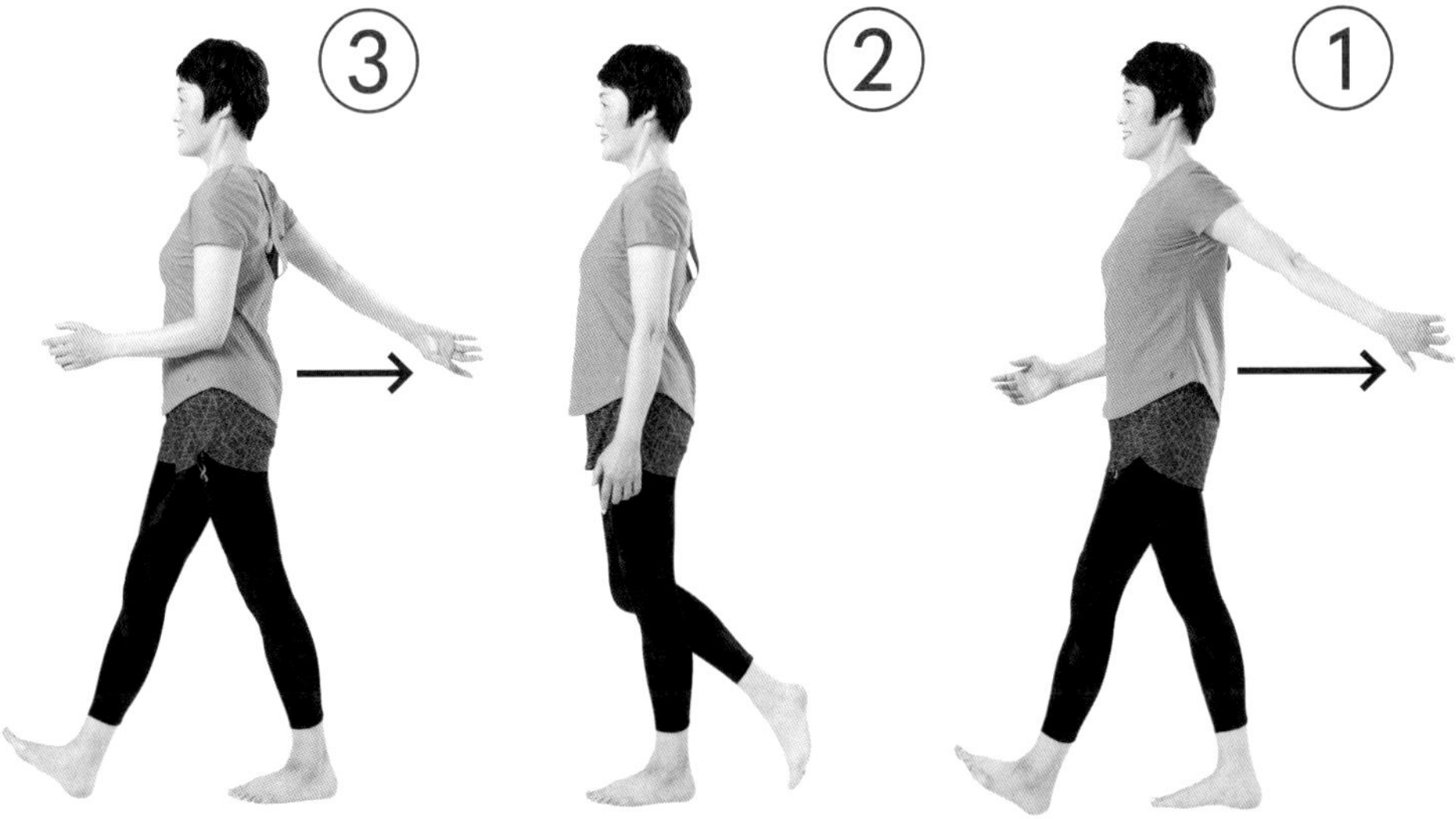

①脇を締め、手を後ろに大きく振る。

②手は脇のすぐ横を通す。

③肩甲骨が動くことを意識する。

Advice!

手は左右に広げて振るのではなく、自分の身幅に近いところで肘を伸ばして振ると、二の腕を使えるようになりますよ。

さあ、歩きましょう！

骨盤腸整ウォーキングレッスン

3つのポイントがわかったら実践です！
骨盤は床に対して垂直にし、真上に頭を乗せ、
骨盤で頭を運ぶイメージで美しく歩きます。

②

右足を前に出し、かかとから着地。
右手は後ろに大きく振る。

①

スタートは、正しい姿勢で立つこと
から。

③

右足に体重を乗せ、同時に左足の親指のつけ根で体を前に押しだす。

④

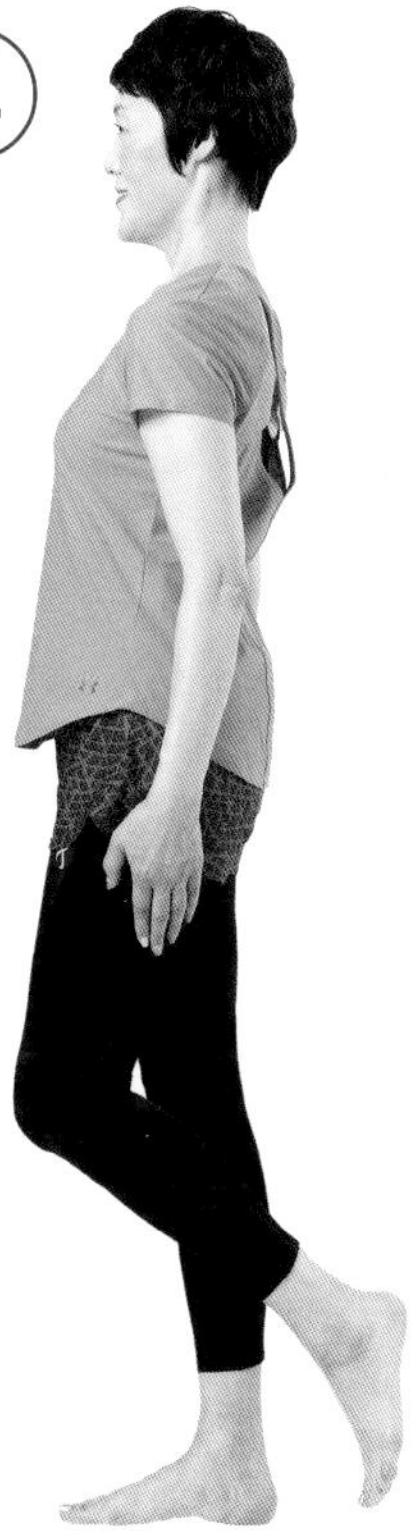

一瞬右足立ちになり、左足を前に出し、かかとから着地。足を替えて2〜4をスムーズに繰り返す。

やりがちなNGウォーク

頑張って歩いても、こんな悪い姿勢では効果がありません。
ぜひ、使いたい筋肉をしっかり使える歩き方をマスターして、
体の内側から若返りましょう。

外股ペタペタ歩き

一見すると安定した歩き方ですが、つま先が外を向いているため、本来使うべき足の筋肉がきちんと使えません。
省エネモードの非常にもったいない歩き方です。

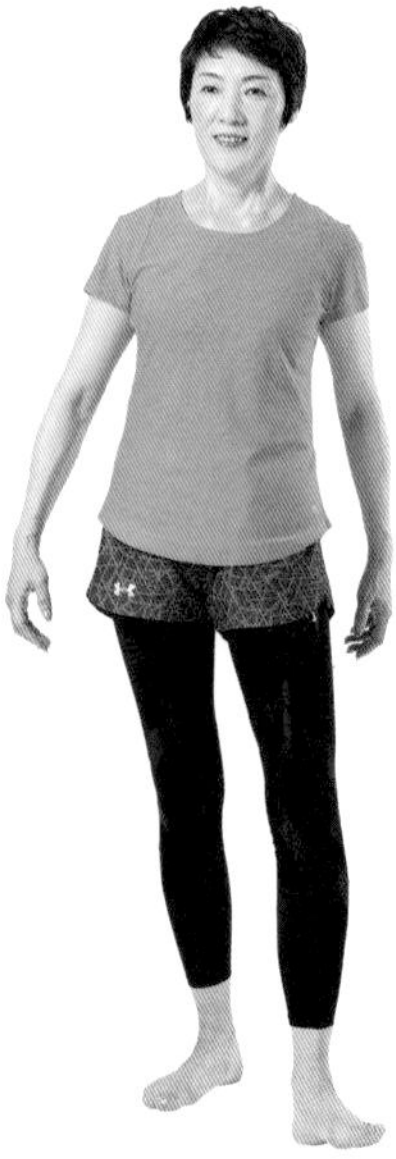

両足のかかとが離れているので、左右の足の間から後ろの景色が見える。

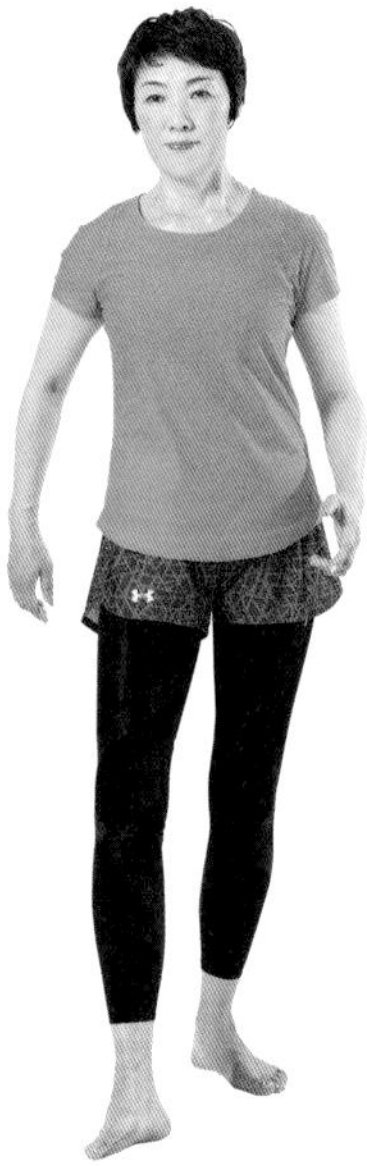

外股でペタペタと歩く。足の外側に体重が乗り、膝も外を向いた状態。

スマホで動画を観る！

✕ 内股ピョコピョコ歩き

若い女性に多い、つま先が内向きのピョコピョコ歩き。
足裏がきちんと使えず足の筋肉が横に張り出します。
下半身が太くなり、お尻もたれるので要注意！

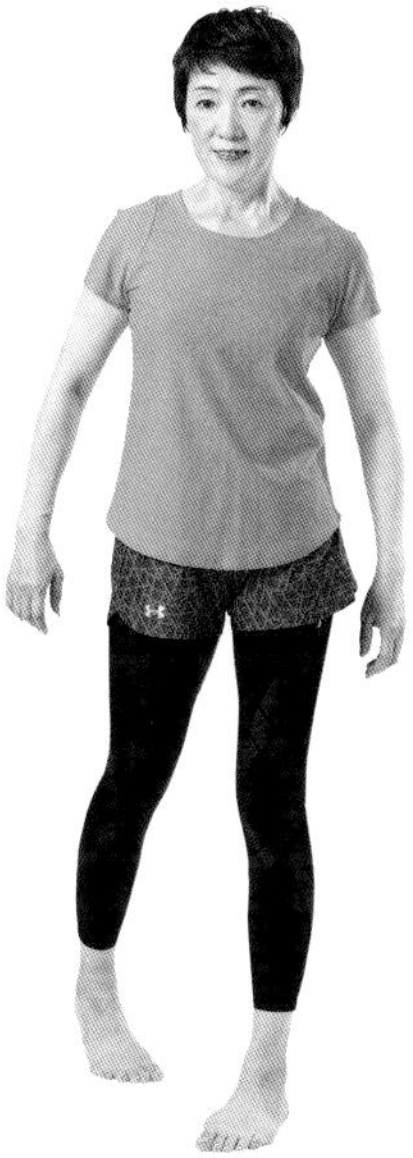

股関節も内側にねじれるため、骨盤をゆがませるうえに、見た目もよくない歩き方。

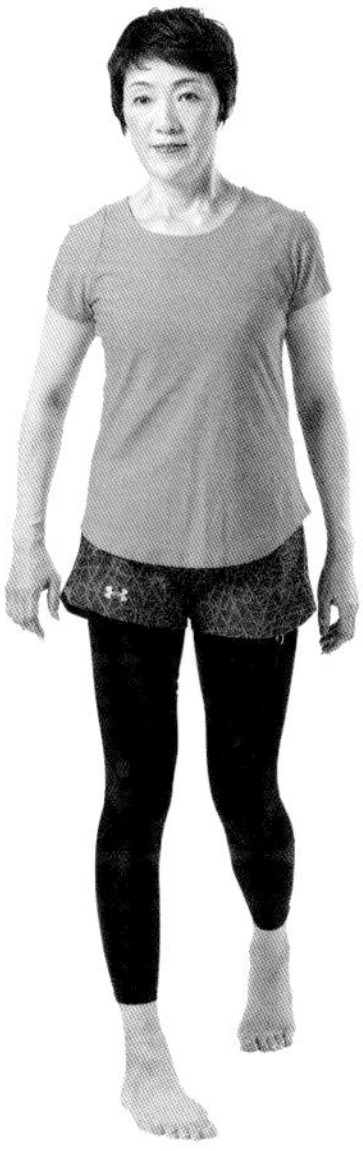

つま先も膝も、内側を向いてしまった状態。

Advice!

つま先を正面に向けると、お尻が上がる。
内側に向けると、お尻がたれる。
この大事な法則を覚えてね！

上半身がぶれる ブレブレ歩き

上半身が左右にぶれると、体幹が鍛えられません。**骨盤がゆがむため、体を斜めにして歩くのがクセになります。**鏡や窓ガラスに自分を映して、しっかりチェック！

体幹ができていないから上半身がぶれる
↕
上半身がぶれるから体幹が鍛えられない。
この悪循環によって、全身がゆがむ。

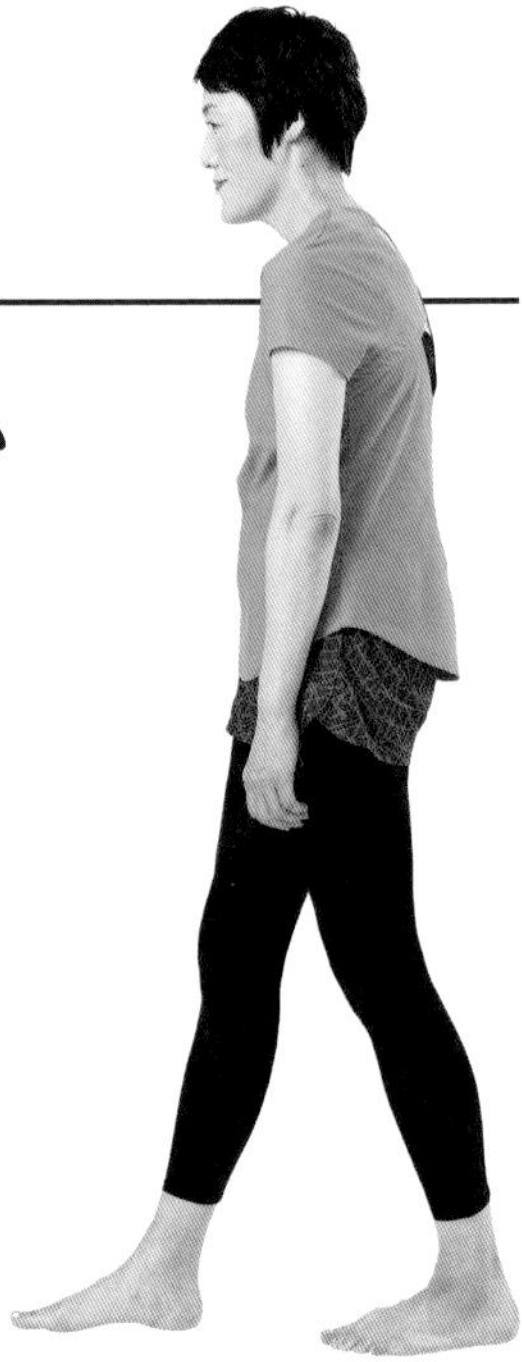

手を後ろに振れない トボトボ歩き

背中が丸まって肩が前に出ると、手を後ろに振れません。ほとんどの人がこの残念な歩き方をしています。**肩甲骨や二の腕を動かさないと、歩いてもやせません。**

重心自体が前に傾いているので、頭の重みで体重を移動している。手は振れないか、振れたとしても前にしか出せない。

美歩呼先生！
通勤時はバッグや
ヒールが定番だから
正しく歩くのなんて
無理ですよね……

オフィススタイルの歩き方ポイント

大丈夫！
そんな時でも
実践できる
歩き方があります

オフィススタイルの歩き方ポイント

バルーンウォーク

息を吸い、胸を大きく膨らませた姿勢で歩くので、
体幹の筋肉をたくさん使えます。

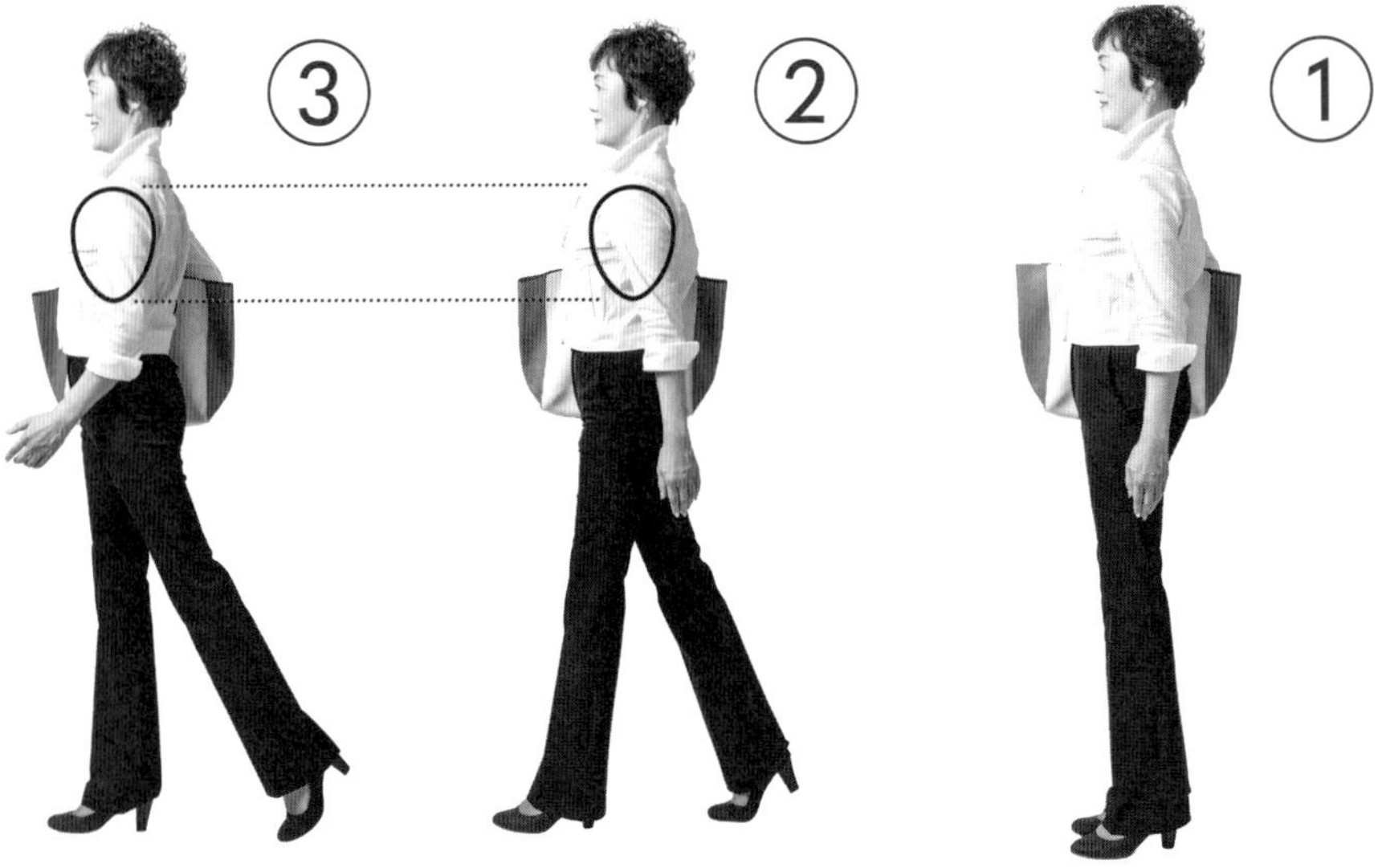

鼻から息を吸って、肺を膨らませると、背骨が伸びて体を起こした状態になる。この肋骨の角度をキープしたまま肩をスッと下ろす。

胸に膨らんだ風船が入っているイメージで、自然に呼吸する。

風船を床に対して平行移動させるイメージで体をぶらさずに歩くと、姿勢が崩れない。

スマホで動画を観る！

荷物がある時は
無理に手を振らなくて大丈夫よ
状況に合わせて
できることをしてね

Advice!

できればリュックがおすすめ。肩ベルトは市販のチェストベルトなどで止めると落ちないので、手もしっかり振れますよ。

Advice!

バッグを持つと、首が前に出たり、背中が丸まりやすくなります。これは筋肉が使われない老け姿勢なので注意してね。

オフィススタイルの歩き方ポイント

ヒールウォーク

ヒールを履くなら、ふだんから足首や骨盤を柔軟にし、
きれいに歩くコツをつかみましょう。

○ ヒールのきれいな歩き方

つま先は少し外を向け、ヒールのかかとで一本の線の上をとらえて歩く。

ヒールを履くと足の甲が伸びるため、どうしても膝が曲がりやすくなる。前に出した膝は、なるべく伸ばすときれいに見える。

スマホで動画を観る！

×ヒールの残念な歩き方

内股歩き

若い女性に多い、足が太くなる歩き方。お尻もたれるから、絶対にやめること。

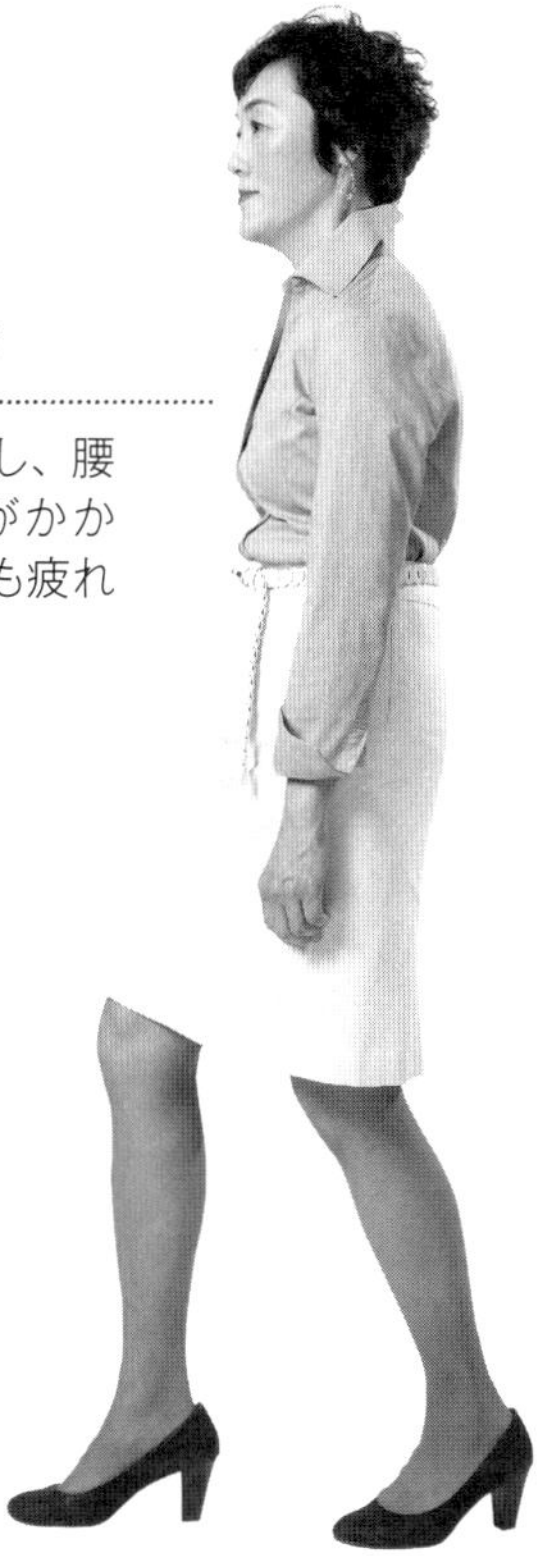

膝曲げ歩き

膝がカクカクし、腰や膝に負担がかかるので、とても疲れやすくなる。

放っておくと将来歩けなくなる!?

お悩み・足裏トラブル

いくらウォーキングの練習をしても、体の土台である足指や足裏にトラブルがあると、きちんと歩くことができません。**足指をかばって足裏が使えないと、足首がかたくなってすり足で歩くようになり、足やお尻の筋肉も衰えてしまいます。**

下の図のように足裏には縦に2つ、横に1つのアーチがあり、歩く時にクッションの役割をしています。この3つのアーチがあることによって、地面と足がぶつかる時の衝撃を吸収してくれるのです。アーチが1つでも崩れてしまうと衝撃が吸収できなくなり、膝や腰に大きな負担がかかります。

アーチが崩れるトラブルには開張足《かいちょうそく》、外反母趾《がいはんぼし》、浮き指などがあります。正しく歩くために、日頃から足裏をケアすることが大事です。

足裏の3つのアーチが大事

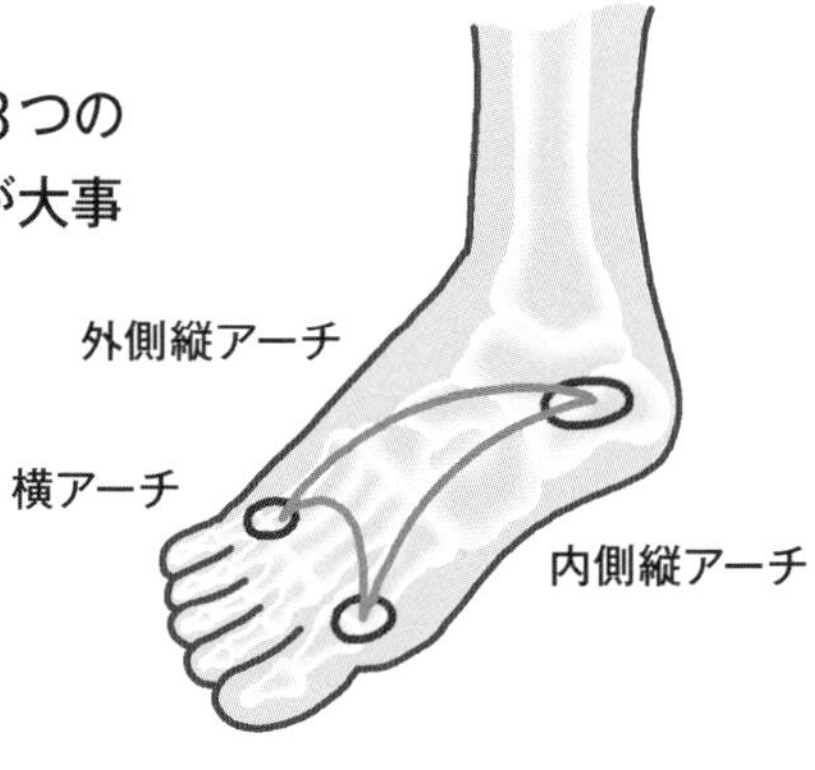

開張足

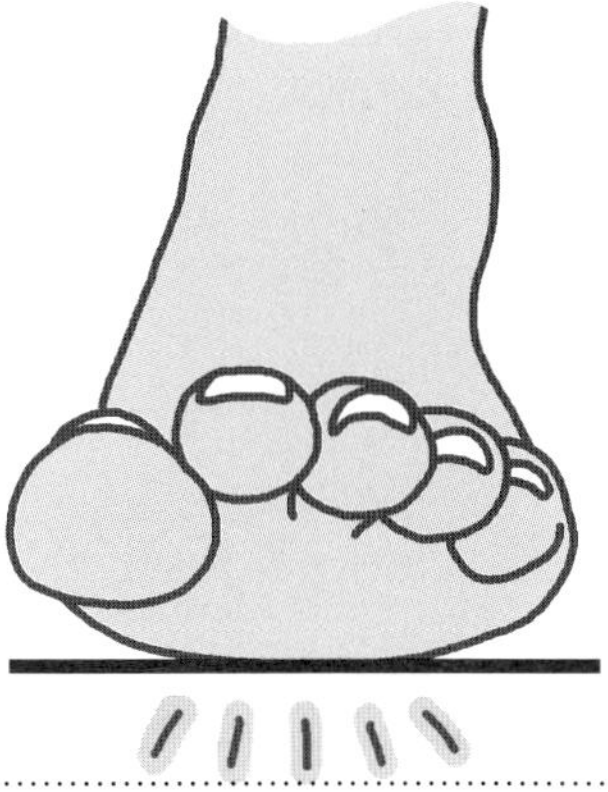

足指のつけ根を結ぶ横アーチが崩れて、足指が横にペッタリ広がった状態のこと。足に負担がかかるため、少し歩いただけで疲れたり、魚の目やタコができたりしやすい。放っておくと外反母趾や浮き指に進むこともある。

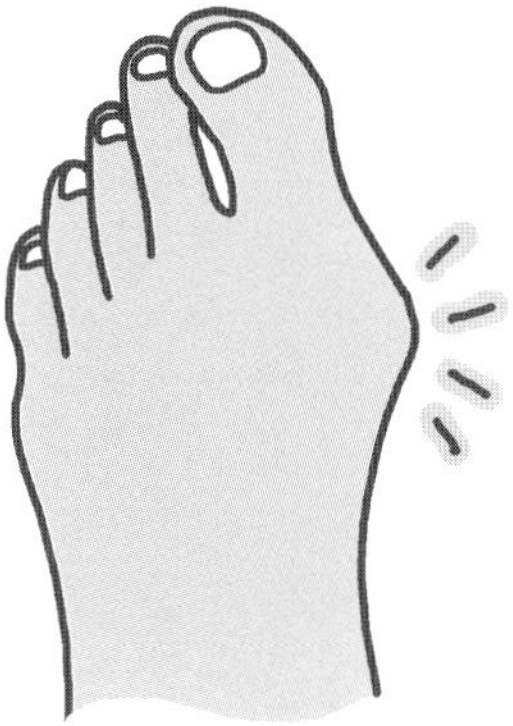

外反母趾

親指（母趾）が人差し指のほうに曲がり、横アーチが崩れた状態のこと。つけ根の関節が横に突きでてしまい、この部分に痛みが起きやすい。主に先の細い靴やヒールを履き続けることが原因だが、中年以降では肥満や筋力の低下によっても起こる。

浮き指

足指が浮いてしまい、床や靴底に着かない、着いてもつま先に力を入れて踏ん張れない状態のこと。重心がかかとに偏るため、バランスを崩しやすい。放っておくと歩行機能が衰え、歩けなくなることもある。

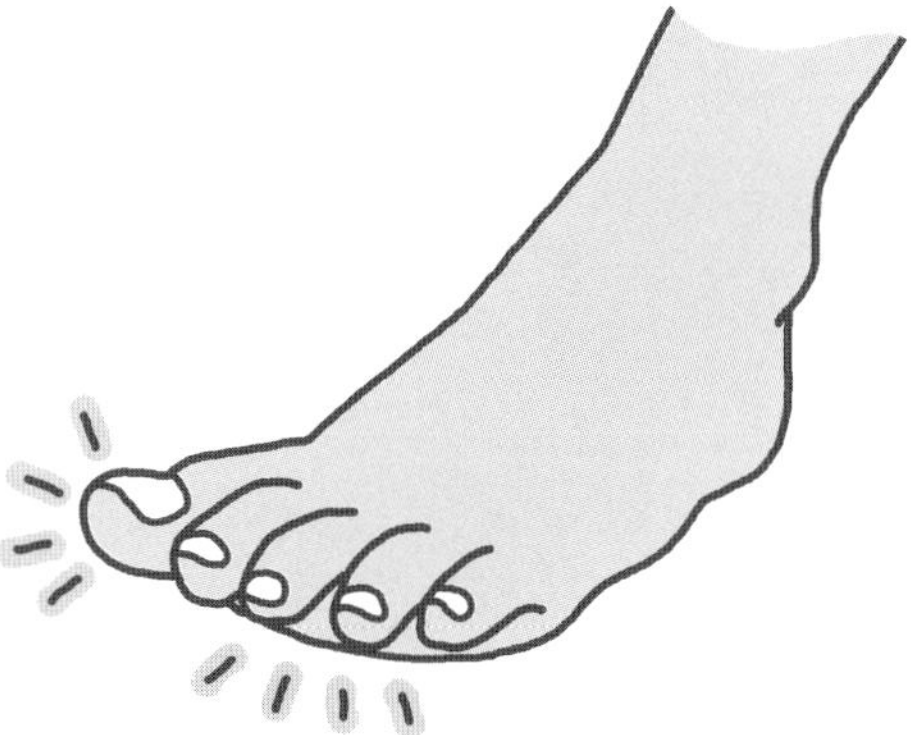

足の機能がよみがえる
足裏トラブル改善法

足裏と足指5本の筋肉を連携して動かすには、次にご紹介するエクササイズがおすすめです。**筋肉をしっかり使って歩ける足は疲れ知らず**だから、一生の宝物になりますよ。

スマホで動画を観る！

足指じゃんけん

足指を動かすことで筋肉が鍛えられ、力強く地面を踏みしめられる足になります。

また、体幹が安定するので姿勢の改善にも役立ちます。

さらに、つま先を動かすと全身の血流がよくなり、冷え性やむくみも解消できます。

最初は思うように動かなくても、根気よく続けていると必ずできるようになるので、あきらめずに頑張って！

1〜3×5セット

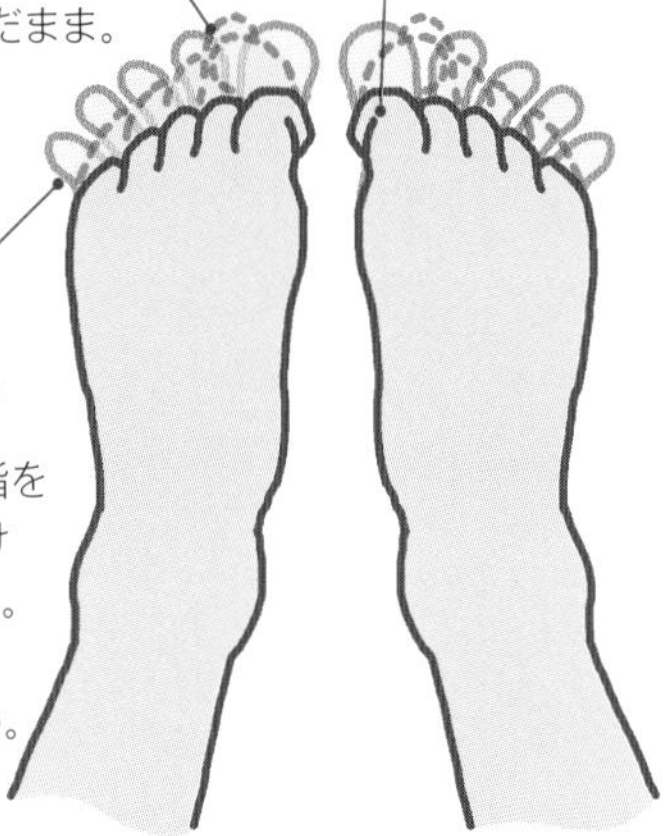

① グー
足の指をすべて内側に折り込む。
② チョキ
親指を立てる。残りの指は内側に折り込んだまま。
③ パー
すべての指をできるだけ大きく開く。1〜3を5セット行う。

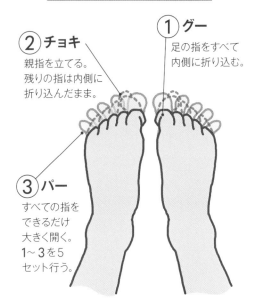

タオルギャザー

立った姿勢でも椅子に座ってもできる、簡単で効果の高いエクササイズ。

タオルを足指でつかんで巻き込むことで、足裏の筋肉の衰えを予防でき、足全体の筋肉も動きやすくなります。

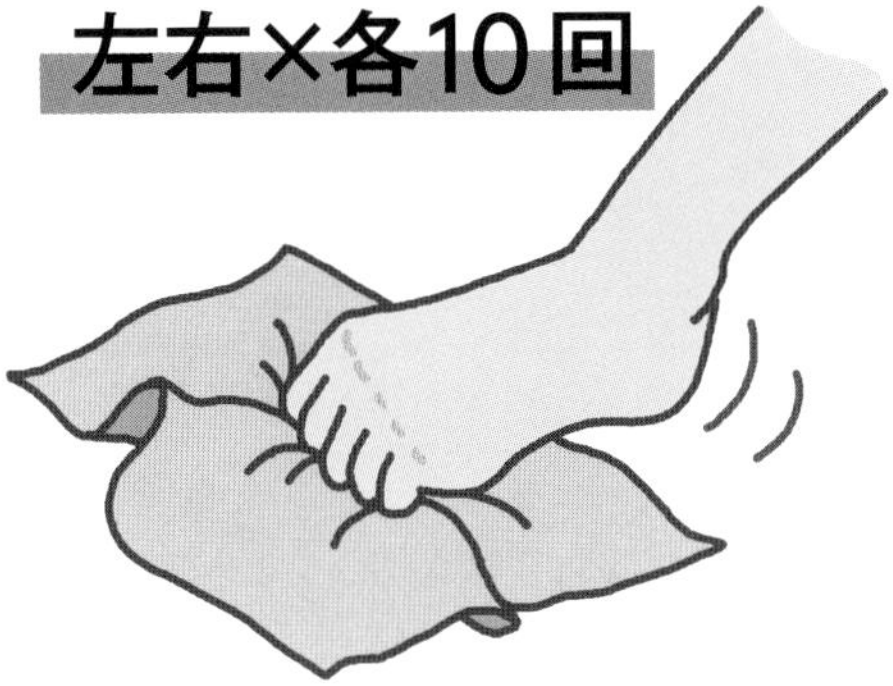

床に敷いたタオルの上に左足を乗せ、足指でタオルをつかんだり放したりしながら自分のほうに引き寄せる。右足も同様に行う。これを各10回行う。

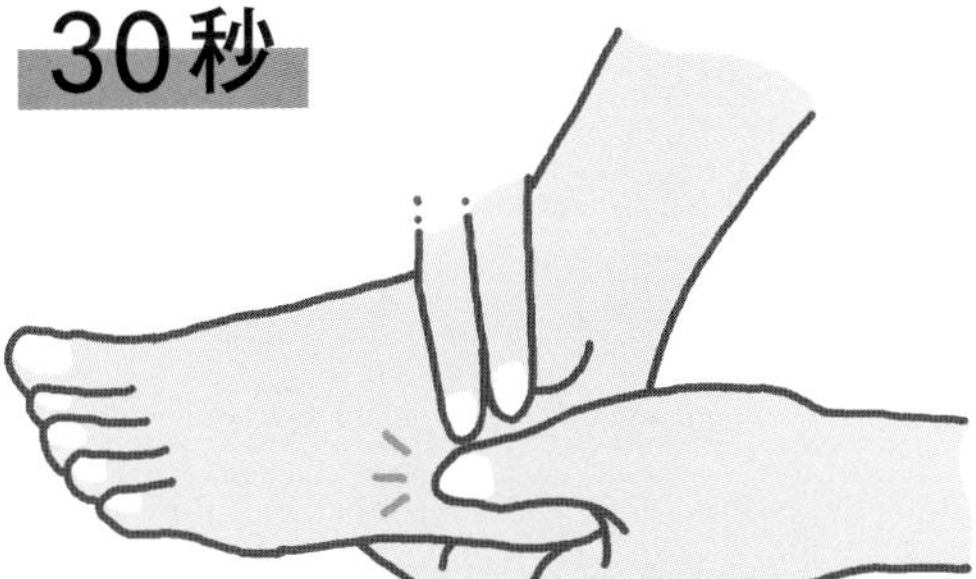

外くるぶしから指2本分先のへこんだところを探す。ここがショパール関節。かかとを持って、この部分を親指の腹でグリグリと30秒もみほぐす。

若返りスイッチ

足の外くるぶし近くの横足根関節《おうそくこんかんせつ》（ショパール関節）がずれると、骨盤のゆがみや腰痛の原因になります。

足裏から頭まで、体の後ろ側は腱膜《けんまく》によってつながっています。ショパール関節をほぐすと、後ろ側のカチカチに固まっている筋肉がゆるみやすくなり、体のゆがみ改善につながるので、若返りスイッチともいわれます。

老いを加速させる残念な体の使い方

日常生活の中で、こんな悪い姿勢をしていませんか？

ふだんから骨盤をゆがませない正しい立ち方を意識することで内臓も元気になり、若々しさを保てますよ。

✕ 悪い立ち方

全身の筋肉が正しく使われないため関節や内臓への負荷が大きく、さまざまな不調を招きます。

片足重心

左右の足裏で床の着き方が異なるため、骨盤の左右差が出やすい。もっとも骨盤がゆがみやすい姿勢であり、背骨が左右に曲がる危険性も。

ねこ背

肋骨が丸くなると肺が圧迫されて、呼吸が浅くなる。首や腰に負担がかかり、血行も悪くなるので肩こりや腰痛を発症しやすい。

反り腰

腰に負荷がかかるので腰痛になりやすい。内臓が下がるため、ぽっこりお腹の原因にもなる。

正しい立ち方

骨盤を床に対して垂直にして立つことで、全身の筋肉がきちんと使えます。その結果、不調も改善するので、ぜひ試して。

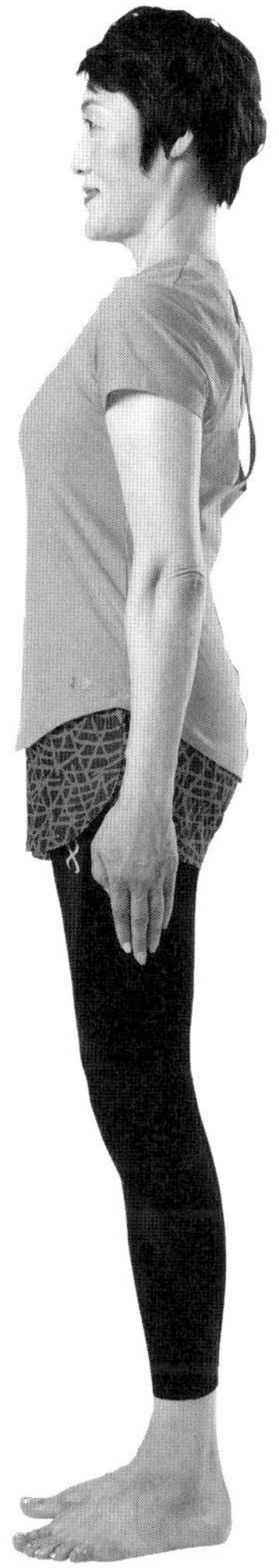

横

垂直に立てた骨盤の真上に
頭を乗せるようにする。

正面

お腹部分に空間ができると、
内臓は本来の位置に戻れる。

老いを加速させる
残念な体の使い方

悪い座り方

電車の中などでよく見かけますが、どれも骨盤に負荷がかかる姿勢です。骨盤のゆがみやねじれを招くので、気をつけて！

足を組む＆下を向く

左右で骨盤の高さが変わってしまい、骨盤のゆがみと背骨のねじれを招く。下を向くと首が前に出るので、首がこり、背中も丸くなって腹筋が弱くなる。

膝を開く＆足をクロス

ももの内側の筋肉が使われず、尿失禁の原因に。さらに足をクロスすると足裏が床に着かず、足首がねじれ骨盤もゆがむ。

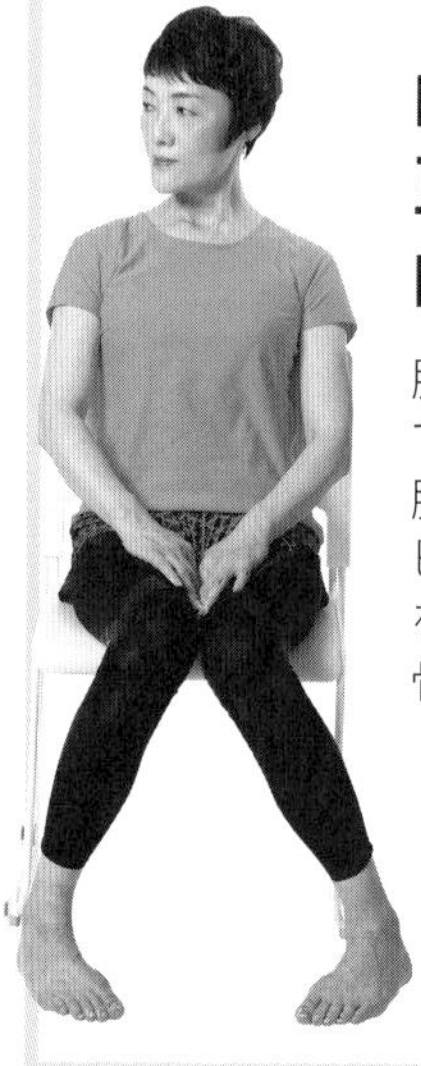

内股座り＆正面以外を向いたまま

膝が内側にねじれるので、関節に負担がかかり、膝の痛みの原因に。テレビを見る時など正面以外を向いたままでいると、骨盤もねじれる。

仙骨座り

骨盤が後傾してねこ背になるので、呼吸が浅くなり、代謝も低下する。内臓が圧迫されて、便秘の原因にも。

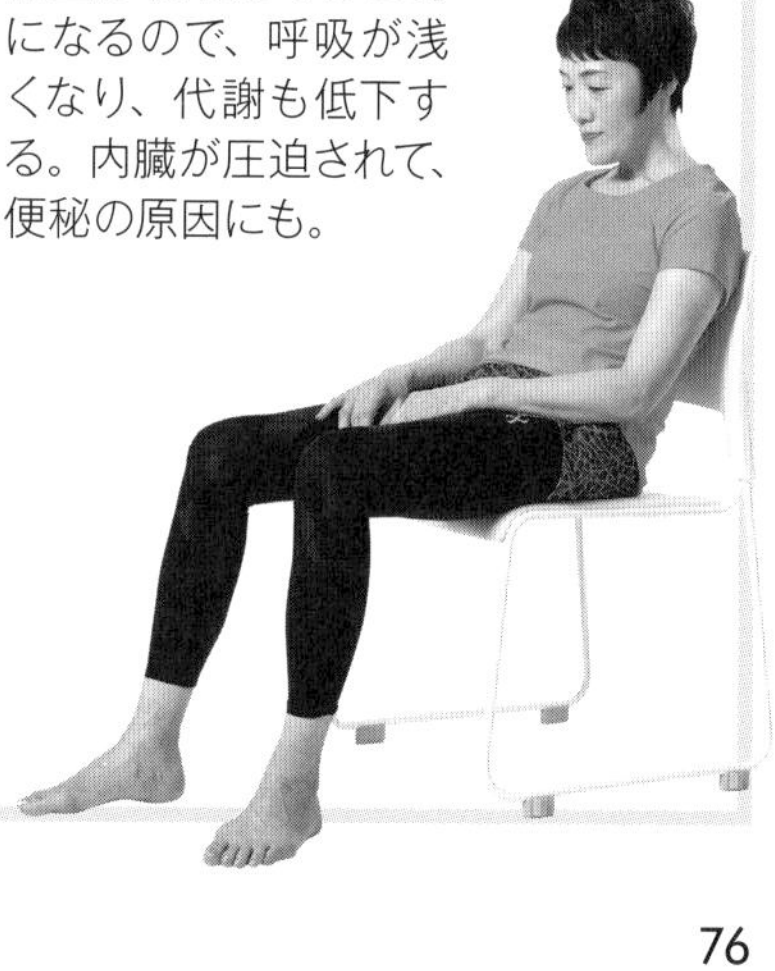

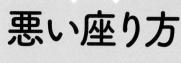

正しい座り方

頭が骨盤の真上にあることで、背中がゆがみにくく、肩こりや腰痛の解消効果もあります！　詳しくは40ページを参照して。

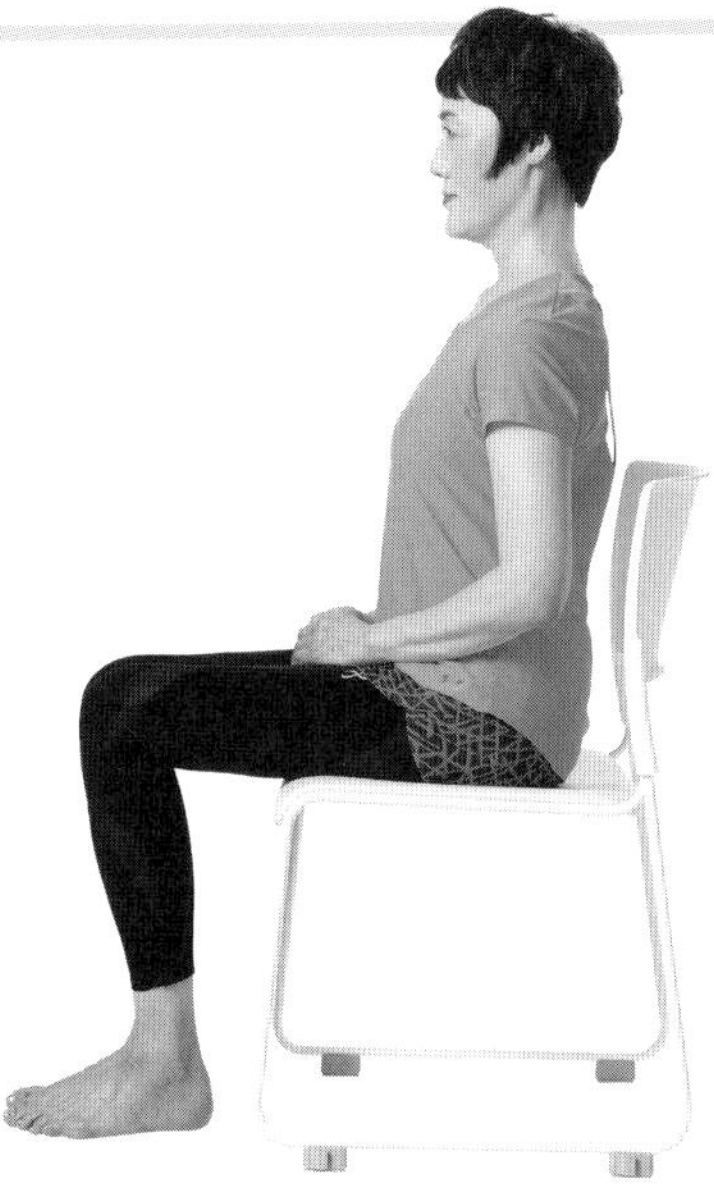

横

坐骨を座面に着け、骨盤は床に対して垂直にキープする。

斜め

両足裏全体を床に着ける。

背もたれから離れて座ると腹筋がより強化できます

✕ 悪い座り方

ラクそうですが、畳や床に直に座ると股関節が圧迫されるので、血液やリンパの流れが悪くなり、老廃物が溜まります。骨盤がゆがみ、股関節も痛めるのでやめましょう。

ペチャンコ座り

膝や股関節がねじれてゆがむため、膝の痛みやO脚の原因に。

横座り

女性によく見られるが、骨盤がねじれるため、腰痛や股関節痛、膝痛を招く。

ごろ寝

背骨がゆがむ。首や肩、腰や股関節も痛めやすい。

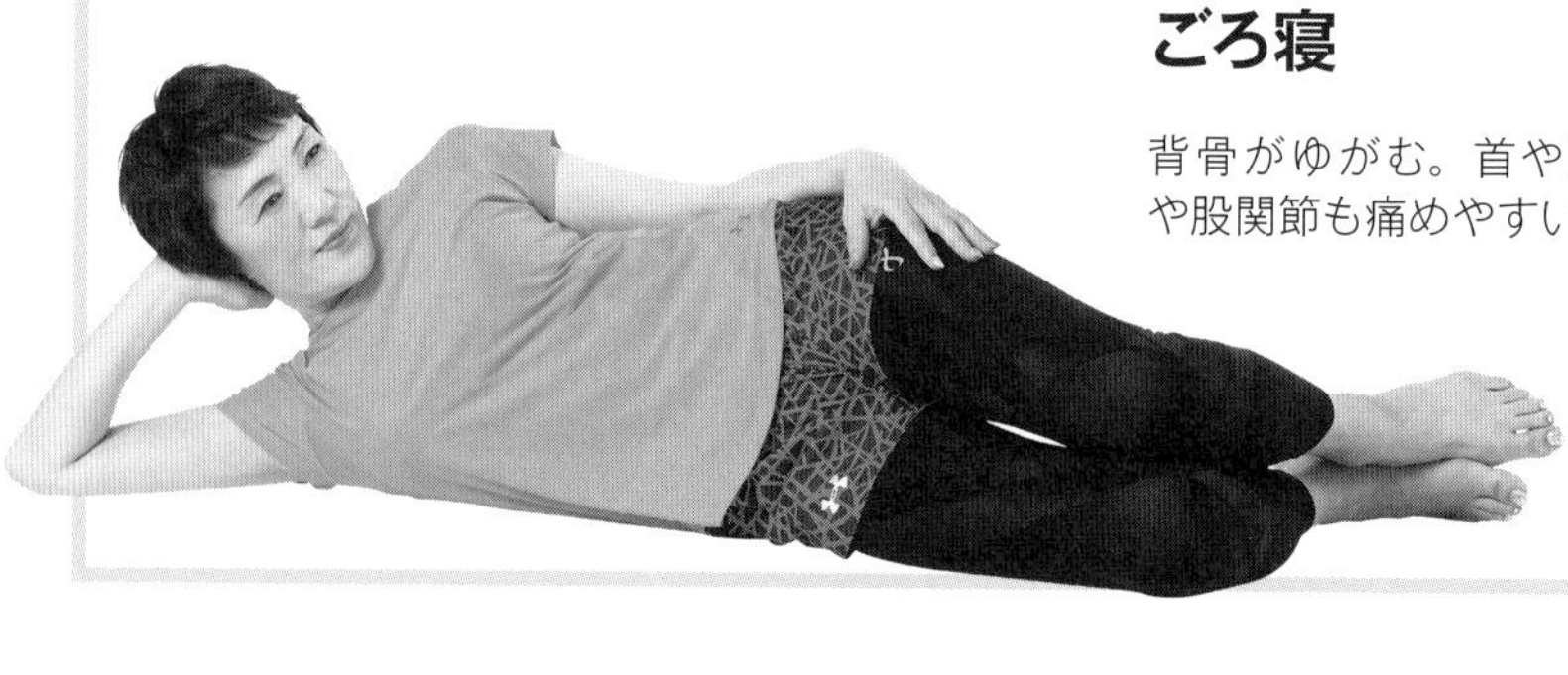

正しい座り方

直座りをするなら、坐骨が左右対称になるように座ってくださいね。股関節がゆがむのを予防できますよ。

あぐらをかく

骨盤を立てて坐骨で座ることで、腰への負担が軽減できる。左右の膝の高さは同じくらいに。たまに左右の足を入れ替えると、骨盤のゆがみ予防になる。

正座

短時間なら、左右のかかとの上にそれぞれ坐骨を乗せて座って。膝への負担を軽くするためにときどき立ち上がり、血流がよくなるように体を動かすのがおすすめ。

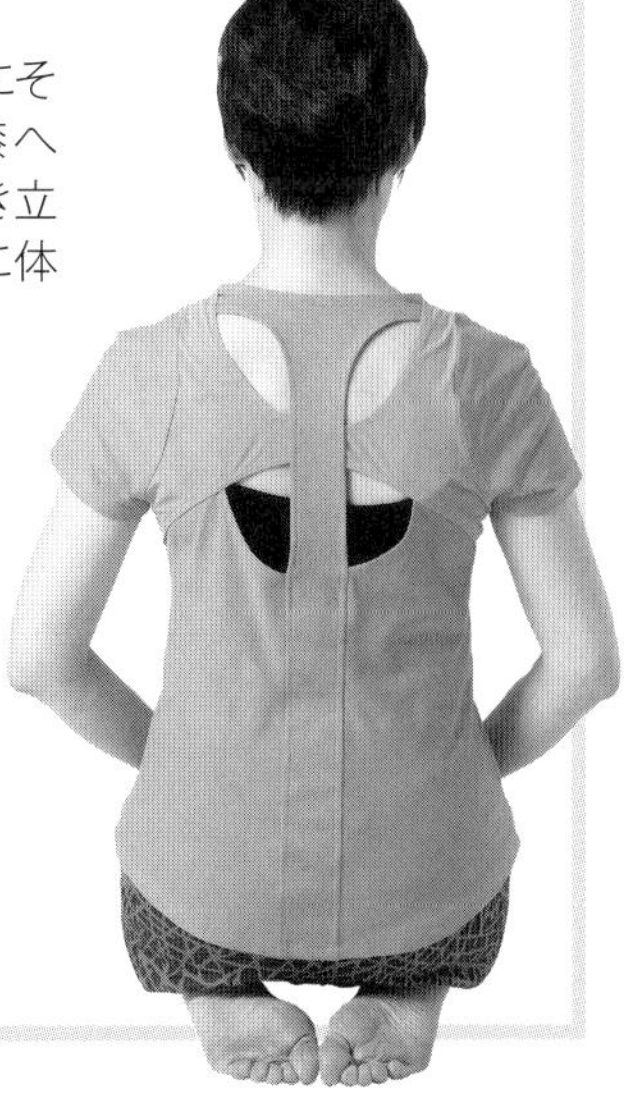

女性らしい
横座りは
体に負担が

老いを加速させる
残念な体の使い方

日常の中のNGポーズ

体の力が抜けているので、自分はリラックスしているつもりでも、こんなポーズは全身をゆがませる要因に。ゆがみは老けに直結しますから、日頃から気をつけて。悪いクセは直して、若々しい体づくりを目指しましょう。

頬杖

顔がゆがむ要因になり、顎関節症《がくかんせつしょう》を発症することもある。片側にばかり体重を乗せるクセは、背骨や骨盤のゆがみにつながる。

うつ伏せ

うつ伏せの姿勢で本を読んだりすると、首に大きな負担がかかる。腰も反るので、腰痛の原因にも。

肩と顔で電話を挟む

顔のゆがみや顎関節症を引き起こす。肩を上げて固定するので、肩こりにもなりやすい。

もたれ座り

仙骨で座るので、ねこ背になりやすい。内臓が圧迫されるので、便秘など内臓の不調にもつながる。

寄りかかる

クッションなどに寄りかかって横になると、背骨や骨盤のバランスが悪くなる。首から肩、背中や腰に大きな負担がかかるので、痛みが生じることもある。

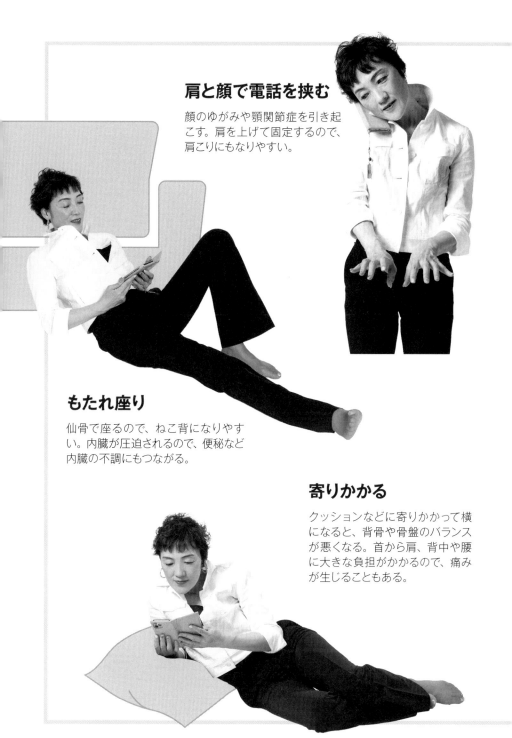

第3章

さらに早く若返る！

家中でしっかりエクササイズ

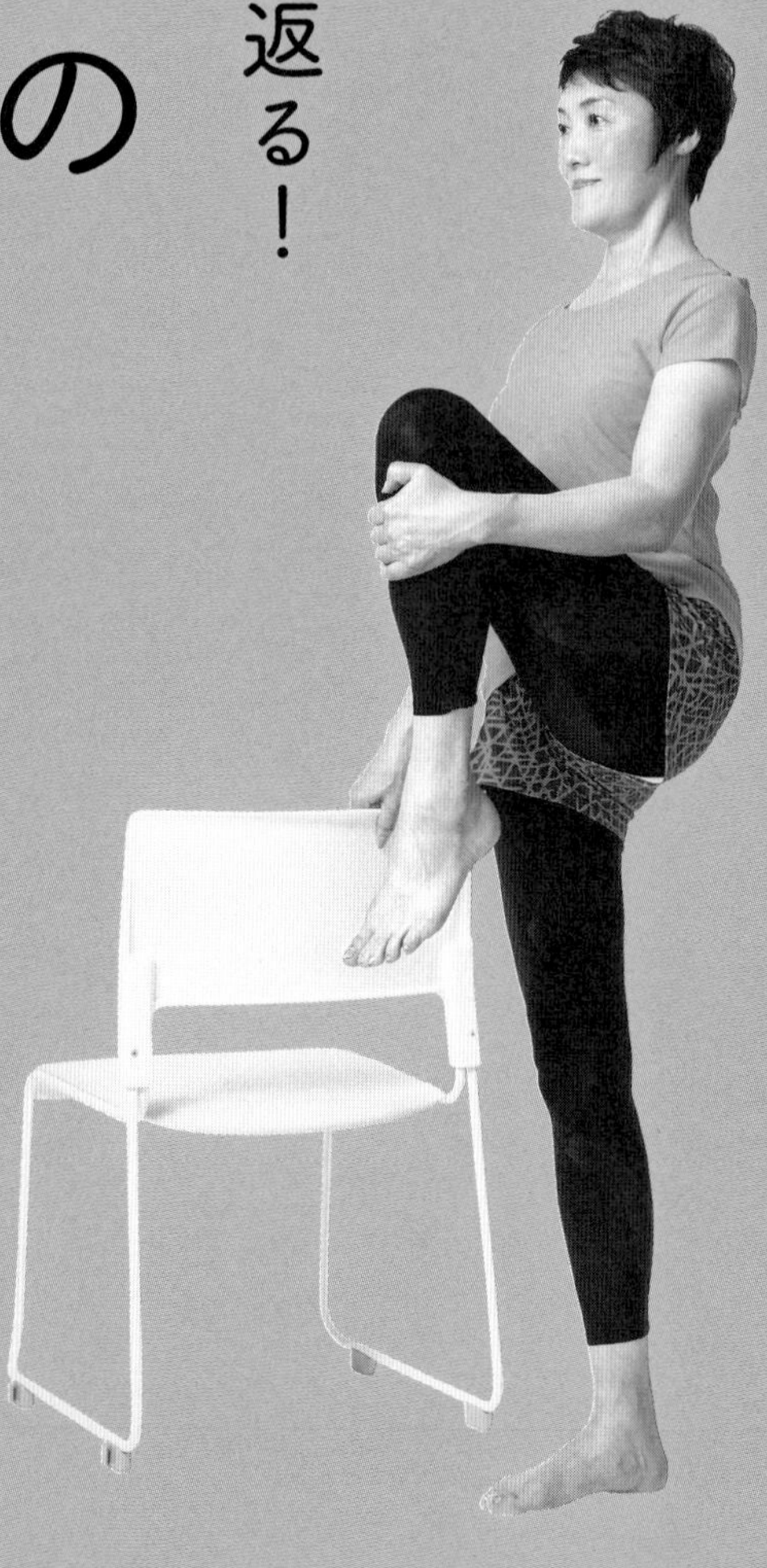

運動不足でとにかく体を動かしたい。
最近、体のたるみが気になる。
今日はウォーキングをするから、ウォーミングアップも兼ねて体をしっかりほぐしたい。
そんな日におすすめの、**肩甲骨から二の腕、お腹、骨盤、お尻、足まで**
全身をまんべんなく動かせて引き締め効果もある、
厳選した6つのエクササイズをご紹介します。
早く結果を出したい人は、第1章の「毎日のながらエクササイズ」にプラスして、
バージョンアップしたこの「家中でのしっかりエクササイズ」をやってくださいね。
外出できない時も家の中の狭い空間でできるし、
そのわりにきちんと運動したという満足感が得られます。
全身が映る鏡を見て姿勢をチェックしながら行うと、
左右差などを確認でき、より効果的に鍛えられますよ。

しっかりエクササイズの基本ルール

時間に余裕のある時は、体をしっかり動かしましょう。

ここでは**ウォーキングに役立つ効果はもちろん、若返り効果も早く得られるようハードルを少し高めに設定**し、ちょっと難しい動きやハードな動きを選びました。しっかりエクササイズのルールをまず頭に入れ、実践してみましょう。もちろん、各エクササイズの説明やポイントも参考にしてくださいね。

ルール1　全部のエクササイズをまんべんなくやる

上半身と下半身をまんべんなく動かすことで、全身の連動性がよくなります。そのためには、どれか1つだけを集中的にやるのではなく、6つのエクササイズを順繰りにやってみてください。1日に1種類ずつ行うのでも大丈夫です。

できれば週に1回、全身の筋肉と関節をフル稼働させることで、歩く時に使いたい筋肉全部を鍛えられます。さらに早く体を変えたいと思っている人は、週に2～3回フルコースでやると、結果は必ずついてきます。

ルール2　使っている筋肉に意識を集中する

運動はただ漫然とやるのではなく、目的を持って筋肉を動かすことが大事です。**筋肉に意識を集中し、今、どこの筋肉をどう動かしているのかを意識しながらやるほうが効果が高まります。**そして、体の小さな変化を感じとりましょう。変化を実感できると、運動を続けるのが楽しくなりますよ。

ルール3　回数は目安と考え、動かしたと実感できるまで

エクササイズの時間や回数は、あくまで目安と考えてくださいね。時間や回数にとらわれず、**自分で気持ちよく動かしたと実感できるまでやりましょう。**

背骨や股関節も柔軟にする

骨盤前傾・後傾

あなたは「骨盤が開いている」とか「骨盤が閉じている」と聞いたことがありますか？　これは、骨盤の上側の状態を指します。骨盤が後傾すると上側が開き、下側は閉じます。反対に骨盤を前傾させると上側が閉じ、下側が開きます。このように骨盤の前傾と後傾では、骨盤の上と下で逆の動きをします。

骨盤を水の入ったバケツに例えると、**バケツを前に傾けて水をこぼすようにするのが骨盤の前傾、後ろに傾けて水をこぼすようにするのが骨盤の後傾**です。**前傾も後傾もスムーズにできるのが、骨盤の正常な状態。**背骨がかたいと骨盤はしなやかに動きませんし、股関節が固まっていても骨盤は動けません。

スムーズに動かせないという人もあきらめないで！　お腹を突きだしたりへこませたりする動きから始めてみてください。背骨がやわらかく動くようになったら、次は肩と膝を動かさずに、骨盤だけを動かすのを目標にするといいでしょう。

うまくできない時は段階的に進めると、無理なく自然に動くようになりますよ。

スマホで動画を観る！

1と2を交互×15セット

1

足は肩幅に開き、手は腰に当て、膝を軽く曲げる。骨盤を前に倒す(前傾)。腰は反らせ過ぎないように注意する。

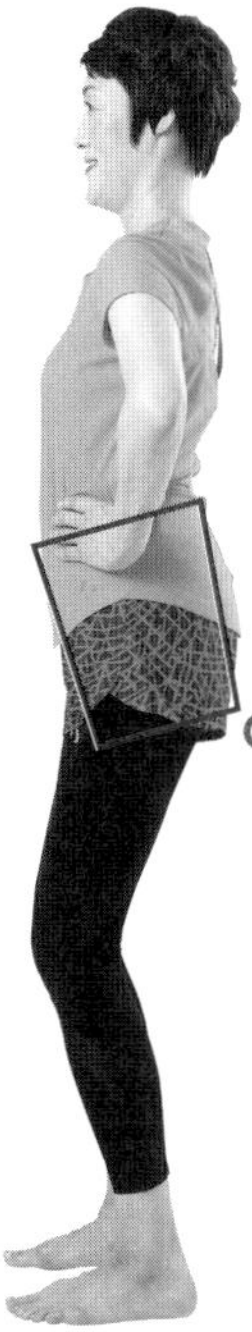

Check!

膝はつま先より前に出ない

Point

バケツの水を前にこぼすイメージ

2

1の状態から骨盤を後ろに倒す(後傾)。1と2をそれぞれ4秒かけて、交互に15セット行う。

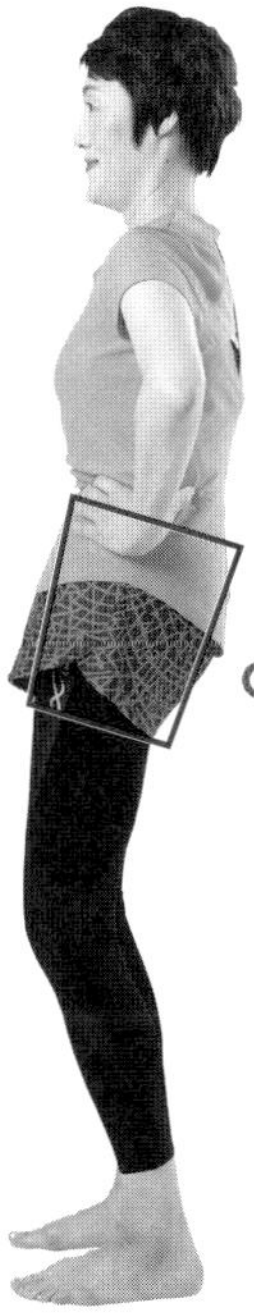

Check!

膝はつま先より前に出ない

Point

バケツの水を後ろにこぼすイメージ

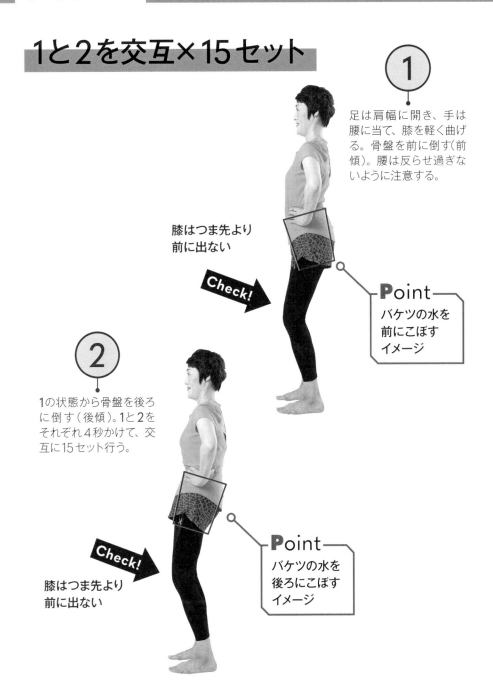

お尻の筋肉を使って歩く練習

リターンウォーク

ウォーキングはだらだらと長い距離を歩くよりも、**短い距離でも正しく丁寧に歩くことが大事です。**歩く時は、足だけでなくお尻も使ってくださいね。

まずは、お尻を意識して一歩に集中することから始めましょう。**お尻の筋肉を使って、その場で片足に体重を乗せたり戻したりする練習**です。

この動きができれば、後は繰り返すだけ。自然に正しい歩き方ができるようになります。一歩一歩しっかり歩けるようになると、お尻はもちろん、足裏などいろいろな筋肉をまんべんなく使うことになるので、普通に歩くだけで美脚になります。

下半身の筋肉が鍛えられると上半身が揺れにくくなり、体幹の筋肉も備わります。体幹とは背中や腰回り、腹筋も含めた胴体部分のことです。

片足に体重を乗せた時に、体重が足の外側に乗らないように注意して。この状態は骨盤が横や斜めにずれやすくなります。**足裏全体をしっかり床に着けると、体重が足全体に乗るので骨盤がまっすぐに立ち、よい姿勢になります。**

スマホで動画を観る！

左右交互×15セット

1

左足はつま先を上げ、
かかとから着地する。

2

全体重を左足に乗せ、
右足の親指のつけ根で
押しだす。

3

右足の膝を曲げてつま
先を浮かせ5秒静止し、
元の位置に戻る。右足
も同様に行う。左右交
互に15セット行う。

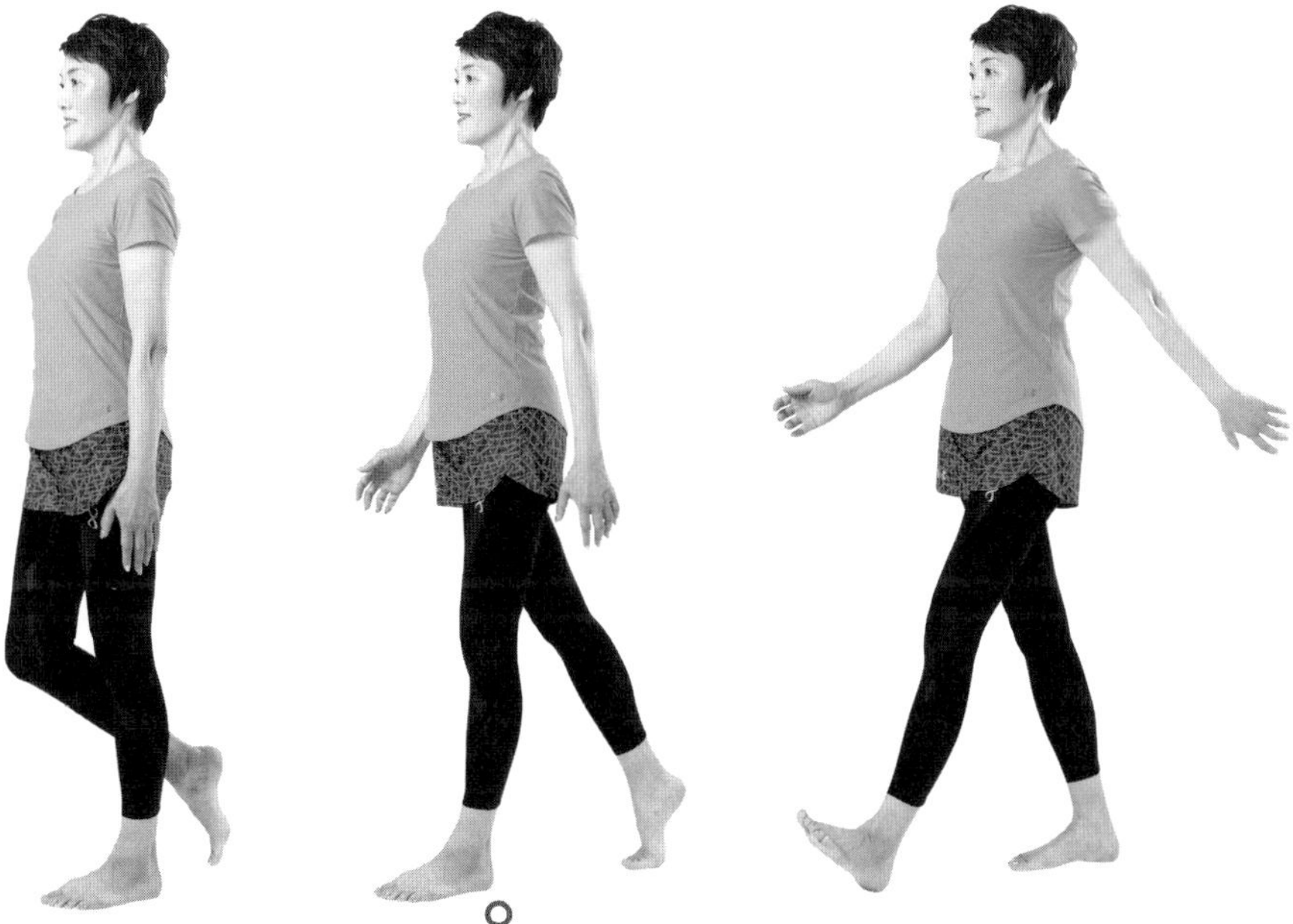

Point
前足の足裏全体を
床に着ける

二の腕を引き締め、ウエストのくびれをつくる

ダブルスクリュー

このエクササイズはその名の通り、腕と上体をダブルでひねります。腕を左右逆方向にひねることで、二の腕の筋肉を効率よく鍛えられるのです。

二の腕が使えるようになると歩く時に手を後ろに振りやすくなるので、骨盤腸整ウォーキングでは、鍛えたい部位の一つとして外せません。

さらに、上体を左右にひねることで、脇腹の筋肉や胴体の深層部にある腹横筋（19ページ）が使われます。これらの筋肉には体幹を支える役目があるので、上体をひねるたびに刺激され、ぶれない体幹やしっかりした体の軸をつくれます。

体幹が鍛えられるだけではありません。このエクササイズを習慣にすれば、**ダブついた二の腕が引き締まり、ずん胴やぽっこりお腹にくびれができてお悩みが一挙に解決！**　まさにダブル効果です。

効果アップを目指して、**腕は目一杯ひねりましょう。**骨盤はできるだけ正面に向けたまま上体だけひねると、ウエストが細くなりますよ。

スマホで動画を観る！

左右交互×10セット

1 足は肩幅に開いて、両腕を水平にして肩の位置まで上げる。

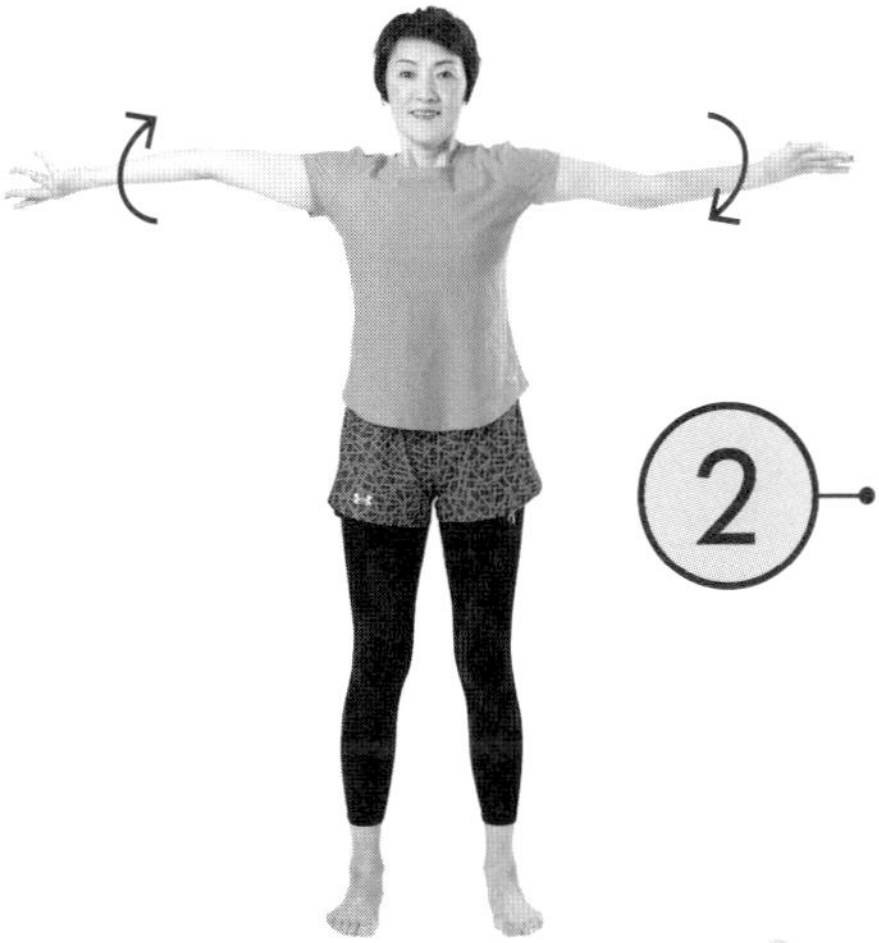

2 右腕は背中側にひねり、左腕は手前にひねる。雑巾を絞るように右と左の腕を逆方向にひねる。

3 体を右にひねり、5秒静止し、元に戻す。次に、左右の腕を2と逆にひねる。体を左にひねり、5秒静止し、元に戻す。左右交互に10セット行う。

お腹の筋肉が目覚め血流もよくなる

お腹ストレッチ

若返りに効果的な後ろ側の筋肉を育てるためには、背中に対抗する**お腹側の筋肉もしっかり目覚めさせることが重要**です。後ろだけでなく前側も、時間のある時にちゃんと伸ばして体が縮むのを予防しましょう。

たった一つの動きで、**つま先から手の指先まで体の前面の筋肉を一気に伸ばせます**。簡単でメリットたっぷりのエクササイズですから、やらない手はありません！

つま先をグッと丸めることで足指のトラブルを予防し、足の甲も伸びるので**足首が柔軟になります**。手を思いきり上げることで二の腕のダブつきも改善できて、顔を上げると首から肩も刺激されるので、**肩や首のこりがほぐれます**。

伸び上がるとお腹の筋肉が伸びて内臓の圧迫が解消されるため、全身の血流がよくなり、スッキリしてとても気持ちのいい運動です。お腹に空間をつくるという感覚も養えるのでおすすめですよ。腰が痛いと感じる時は反り過ぎているので注意。

椅子の背や壁につかまって、体を安定させて行うと安全です。

スマホで動画を観る！

左右10秒×3セット

1

椅子の横に立ち、右手で背をつかんで体を支える。左足を一歩後ろに引く。左足のつま先を丸めて床にグッと押し当てて、甲をしっかり伸ばす。

2

右足に体重を乗せる。

3

左手を上げながら伸び上がるようにして顔も上に向け、10秒静止し、元に戻る。反対側も同様に行う。左右交互に3セット行う。

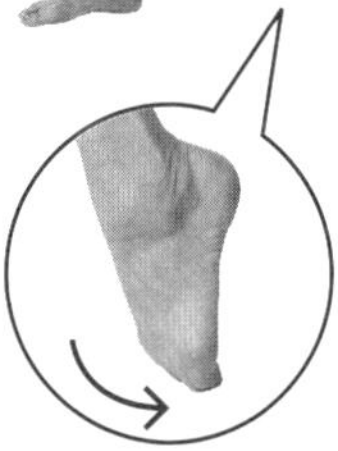

Point
手と顔を上げて
伸び上がると、体の
前面全体がよく伸びる

Point
親指もしっかり
内側に曲げる

肩甲骨と肩関節の連動をよくする
肘鉄エクササイズ

ウォーキングの時、手を後ろに大きく振る動作がスムーズにできるよう、肩甲骨をしっかり動かす練習をしましょう。

しかも、このエクササイズは脇を締めて肘を突き上げたり、肘を思いきり後ろに振ることで、**肩甲骨がやや斜め前に傾いたり後ろに傾いたりします。**肩甲骨のこの動きは日常生活の中ではなかなかできないので、やる価値は大いにあります。

肩甲骨を多方向に動かすと肩関節も動きやすくなり、首から肩の深層部に伸びる肩甲挙筋《けんこうきょきん》（19ページ）にも刺激が加わります。この筋肉は腕を上げたり前に押しだしたり、姿勢を保つ時にも使われ、かたくなると首こりや肩こりの原因に。

肘鉄をする要領で、**これ以上行かないところまで肘を後ろに振り上げましょう！首や肩回りのこりがほぐれて血流がよくなり、気分がスッキリしますよ。**肘を突き上げると、二の腕がほっそりするという嬉しいおまけもついてきます。

肩甲骨や肩回りをしっかり動かして、四十肩や五十肩を予防しましょう。

スマホで動画を観る！

2と3×15セット

1

足は肩幅に開く。脇をキュッと締めて、手は軽く握って上向きにし、肘を後ろに引く。

2

肘をグーッと突き上げる。肘は開かないようにして、できるだけ耳の横でキープする。

3

肘を下ろし、脇に沿って思いきり肘を後ろに振ったら、**2**に戻す。**2**と**3**を15セット行う。

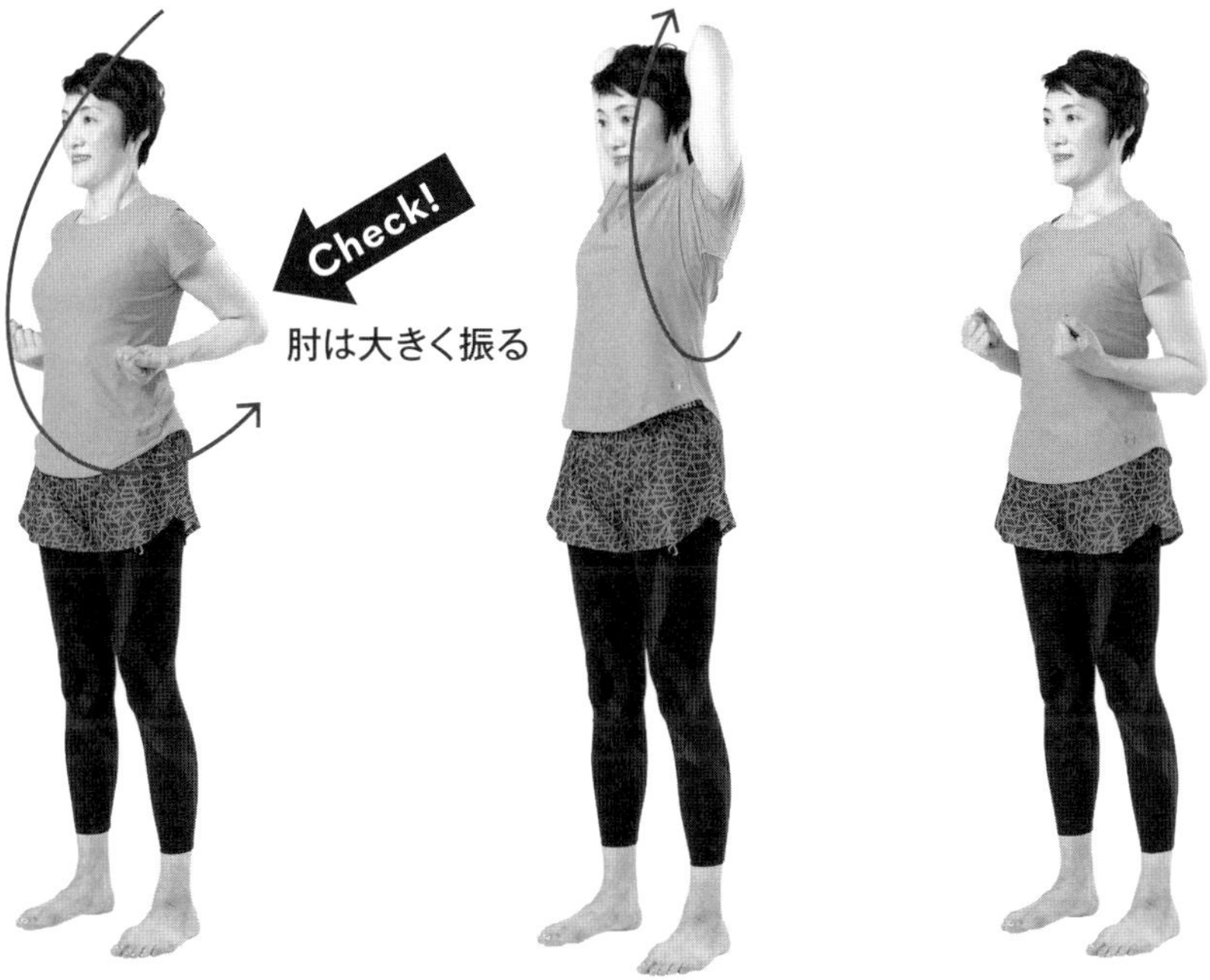
Check!
肘は大きく振る

正面から見ると

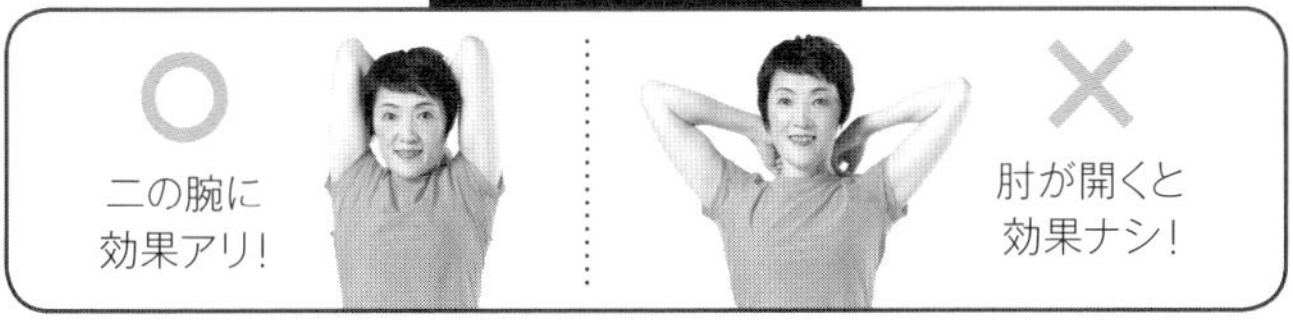
○
二の腕に
効果アリ!
×
肘が開くと
効果ナシ!

軸足の安定を目指して片足立ちの練習

太ももストレッチ

若々しく歩けるかどうかは、支えているほうの軸足の安定感で決まります。**軸足が安定していると、後ろ足を前に大きくスッと振りだすことができるので、正しく効果的に歩けます。**一方、軸足がグラグラして不安定だと、後ろ足を小さくしか振りだせないため、膝が曲がったペタペタ歩きになってしまいます。

軸足の安定を目指して、片足立ちを練習しましょう。膝を前に持ち上げることによって太ももの裏側のハムストリングス（11ページ）がしっかり伸び、後ろに曲げることで太もも前面の大腿四頭筋《だいたいしとうきん》（11ページ）も伸ばせます。前と後ろ、両方の動きを練習することで、歩く時の動きが安定します。

お尻からももが連動して鍛えられるので、足が細くなり、お尻も確実にアップ！

初めは無理せず、足が上がるところまででOK。慣れてきたら、少しずつ頑張ってみると、足がお尻にピッタリ着くところまで曲がるようになります。

転倒防止のために、椅子の背や壁などに手をついてやってくださいね。

スマホで動画を観る！

太ももストレッチ

1と2を10秒×3セット

1 椅子の背を持ち、安定した状態で立つ。左足の膝を持ち上げ、左手でしっかりつかみ、10秒静止したら元に戻す。

Point
足の甲は
しっかり伸ばす

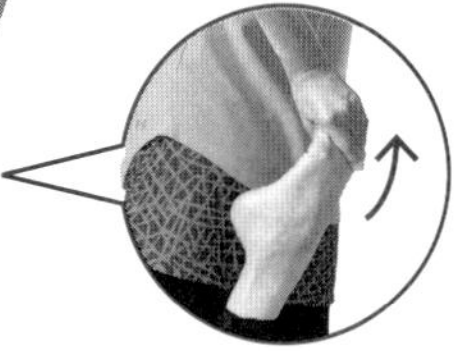

2 膝を曲げ、つま先を持つ。足の甲を伸ばして親指を持ち上げるようにして10秒静止したら、元に戻す。反対側の足も同様に行う。**1**と**2**を左右交互に3セット行う。

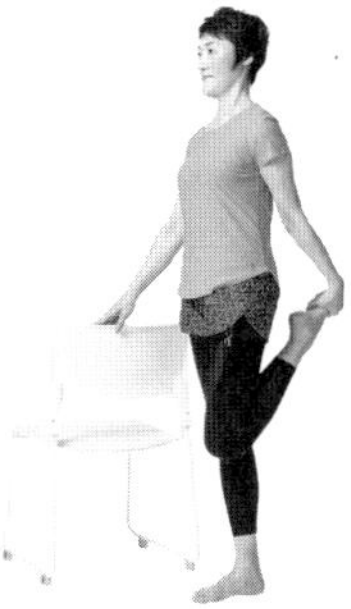

最初は軽く曲げる程度でもOK!
慣れれば、前にも後ろにも
しっかり曲げられます

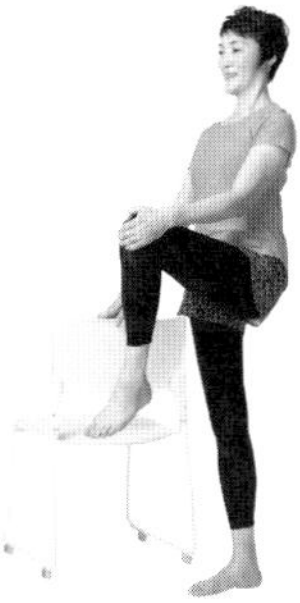

第4章

骨盤腸整ウォーキングの効果を高めるヒント

マシンや道具がいらず簡単に始められて、
時間とお金の節約もできる骨盤腸整ウォーキングの素晴らしさ、
もう十分おわかりいただけたでしょうか？
骨盤腸整ウォーキングは奇跡でも魔法でもありません。
体を整える理論に基づいているからこそ、高い効果が得られるのです。
そして、無理をせずに続けられます。
この章では、これから正しい歩き方を実践しようという人に向けて、
骨盤腸整ウォーキングに関する素朴な疑問に私がしっかりお答えします。
さらに、レッスンでこのエクササイズやウォーキングを体験した6人のみなさんに、
体のお悩みと症状や痛みが、どんな運動をしてどう改善したのか
具体的に語っていただきました。
ＢｅｆｏｒｅとＡｆｔｅｒの写真でも、驚くほどの変化が！
さあ、あなたも、骨盤腸整ウォーキングで10歳若返りを目指しましょう。

ウォーキングの素朴な疑問Q&A

初心者によく聞かれる質問や、ありがちなお悩みをピックアップしてお答えします！

教えて美歩呼先生！

Q1

カロリーを消費しようと、
食後の腹ごなしに歩いています。
空腹時に歩くと、その後に
爆食いしそうなので……。
満腹状態で歩いても大丈夫ですか？

Answer

ＯＫ！　食後は血糖値が上がるので、それを抑えるためにインスリンというホルモンが分泌され、血液中の糖を吸収し、脂肪として貯蔵しようとします。

軽い有酸素運動のウォーキングは血糖値の上昇を抑えるので、肥満防止におすすめです！

Q2 運動も苦手だし、何事も三日坊主で続きません。ウォーキングを続けられるコツなどがあったら教えてください。

Answer

続かない原因は、わざわざ時間をつくろうとするからかも。骨盤腸整ウォーキングは、家事や仕事の合間に気軽に続ければ十分に運動効果が得られます。

よく一日1万歩がいいなどといわれますが、ウォーキングは「量より質」が大事。「正しい歩き方レッスン」（56ページ）を頭に入れて歩いてくださいね。

でも、**最初から一度に全部できなくてもOK。今日は腕振りだけ、今日は着地だけなど、集中する部分を決めて意識しながら歩いてみてください。**

正しく歩くと疲れないし自律神経も整うので、みなさん「歩くのが楽しい」といいます。無理せず楽しく歩けば続けられるし、自然と歩数も増えるというわけですね。

Q3 1か月ほど前から、友達とおしゃべりしながら公園を1周分歩いています。毎日続けていますが、お互いちっともやせません。なぜですか？

Answer

友達とおしゃべりしながら歩くのは、ストレス発散によさそうですね。

でも、ダラダラ歩いたり、相手のペースに合わせて歩くだけでは「省エネモード」で移動するのと同じ。日焼けしてシミが増えるだけで、残念ながらエネルギー代謝は上がりません。足の運び方や肩甲骨の動きなどを、しっかり意識して歩いてみましょう。ダイエット効果が劇的に上がるはずです！

せっかくなら、腕を後ろに大きく引いて、**背中のダイエットスイッチ（20ページ）を入れて歩きましょう。**

毎日違うエクササイズを一つ選んで行うだけでも、全身の筋肉が連動し始めるので、歩くだけでやせるおトクな体質に生まれ変わります。

Q4 膝がときどき痛くなります。筋肉を鍛えるために、少しくらい痛くても歩いたほうがいいですか？

痛みはつらいですよね。膝が痛いのは、足裏の筋肉が使えていないか、骨盤の動きが悪くて股関節を固めてしまっている可能性があります。

まずは、足指屈伸（46ページ）や股関節回し（50ページ）のエクササイズで動かす習慣をつけて、無理のない範囲で歩くようにしましょう。

筋肉を鍛えることばかりにとらわれず、関節を正しく動かす筋肉を目覚めさせることが大事です。

Q5 ウォーキングをする以外に、食事制限などもしたほうがいいですか？

いいえ、無理な食事制限は必要ありません！ 食べないダイエットは筋肉量を減らすので、基礎代謝を下げて太りやすい体質になってしまう危険性も。

体に無理がなく、時短で効率のよいダイエットは、「歩き方を意識して代謝を上げる」こと。

いい姿勢で生活すると筋肉量が自然に増え、体も締まります。

しかも腸が活性化されて便秘も解消。健康的で、太りにくい体質に変身できます！

Q6 同じくらいの時間や距離を歩いても、男女差や年齢差で効果の出方に違いはありますか？

ありますもともと筋肉量には年齢差や性別差があり、効果の出方も人によって異なります。たとえ同じ性別や年齢でも、生活習慣や持って生まれた筋肉の量や質などが違うので、効果が早く出る人とゆっくり出る人の差は出ます。

大事なのは人と比べないで、昨日の自分より１㎜でも変化があれば素直に喜ぶこと。歩く余裕のない時は休んでもＯＫですが、続けることより、やめないことが大切だと考えましょう。

Q7 骨盤矯正や整体、マッサージなどをやらなくても、ウォーキングで不調は改善しますか？

改善できます。マッサージや骨盤矯正などで体を整えても、日常の姿勢や体の使い方が悪いとすぐ元に戻ってしまうので、お金も時間ももったいない！**不調と決別したければ、筋肉や関節を正しく動かすことが必須です。**

骨盤腸整ウォーキングは正しく歩くという動きの中で、使えていない筋肉を目覚めさせてきちんと使うことを目標にしています。ぜひ、歩き方を見直してくださいね。

体験者1

たった1か月でO脚改善を実感、今では両膝がつきます！

五月女喜代美さん（57歳）

私の長年の悩みはO脚で、スカートでおしゃれをしても、足元が残念な印象になってしまうことでした。

1年前に骨盤腸整ウォーキングの評判を耳にし、レッスンを開始。内ももに効くO脚改善のエクササイズを2種類教えてもらい、とにかく毎日50回やりました。

その甲斐あって、約1か月でO脚が改善していることを実感でき、2か月目には人から見ても変化がわかるほどに。

3か月で体重が3kg減り、体重計の基礎代謝を基にした年齢は、実年齢マイナス10歳の47歳に若返りました！

コンプレックスでいっぱいの、1年前の私からはまったく想像できません。

憧《あこが》れだった足を見せるワンピースにも挑戦し、現在も両膝がくっつく状態をキープ中。周囲からも「歩き方がきれいね」「姿勢がいいですね」とほめられます。

レッスンでは歩き方だけでなく、姿勢の悪さや体の使い方の誤りも教えてくれます。O脚は病気ではありませんが、腰痛や体形が崩れる原因になるそうです。気づけて本当によかった！

体験者2

職場までの往復3000歩、5か月で16kgのダイエットに大成功！

田中聖子さん（44歳）

これまでたくさんのダイエットに挑戦しました。一番多いのはカロリー制限で、食べないダイエット。どれも空腹がつらくて、我慢できませんでした。

また、「○○がやせる」という情報を見つけると、サプリでも食材でもすぐに取り入れてダイエットに励みましたが続かず、逆にリバウンドを繰り返す日々。

そんな私がこのウォーキングに出合い、2か月で12kg、5か月目には16kgも減量しました！

毎日3食しっかり食べて、朝晩の歯磨きの時に壁立ちをし、歩く前のエクササイズをやり、家から職場までの往復で約3000歩しっかり歩くだけ。とくにウォーキングの時間をつくったりしなくても、自然に苦労なくやせられたんです。

ぽっこりお腹が解消し、職場の人も家族もびっくり。姿勢がよくなった、後ろ姿がきれい、肌つやもよくなったという嬉しい言葉をたくさんもらいました。

メンタル面でも、何事もやればできると自信がつき、歩くことの大切さを実感しています。

体験者3

歩き方を変えて体を動かすことで、しつこい腰痛を撃退できた！

山下巌さん(66歳)

14年前に脳出血で倒れ、後遺症で右腕が動かず失語症のようになりました。今はかなりしゃべれるまでに回復したものの、長年の腰痛にも苦しんでいました。

骨盤腸整ウォーキングのイベントを知り、気楽な気持ちで参加したところ、歩いている姿をビデオに撮って見せてくれました。頭を下げたまま歩いているわが姿に大ショック。

その時、腰痛の原因は肩や首から背中がかたいこと、足指を曲げて立っていること、間違った足の使い方をしていることなどを分析してもらいました。

月に1回2コマのレッスンを受け、自宅では出勤前に骨盤を動かし、壁立ちと足指屈伸が日課です。お尻を締めて立つこと、下を向かないことも意識しました。

9か月が経ち、かたかった足裏がやわらかくなり、足指も意識できるようになり、頭が下を向かなくなりました。何より腰の痛みから解放されたのが、本当にありがたい！

体を動かすのがつらくなくなったので、毎回のレッスンを楽しんでいます。

体験者4

ねこ背とO脚と持病の改善、メンタル面でもいい変化が！

笛木由美さん(37歳)

以前は、ねこ背でO脚のため、肩こりや腰痛、少し歩くと膝が痛み、満身創痍《まんしんそうい》の状態。加えて、かかとはカサカサで、足裏にはタコまでありました。

骨盤腸整ウォーキングを始めたところ、これらの悩みがすべて改善し、今では長時間歩いても膝の痛みはありません。経血コントロールで、生理痛も解消しました。

私には肺機能に不調が生じる気胸という持病があり、季節の変わり目などに再発するため、ドクターからは手術をすすめられたことも。でも、ウォーキングで肺機能の不調が緩和されたのか再発しなくなり、今は手術を回避できています。マスク生活で呼吸が浅いと感じた時は、呼吸法をやると楽になることにも気づきました。

メンタル面では、へこむことはあっても歩くことで気持ちを切り替えられたので、クリニック通いを卒業できました。周囲の視線も気にならなくなり、ショーウィンドウに映る自分の姿勢や歩き方をチェックしながら楽しく歩いています。

体験者5

リウマチの痛みがやわらぎ、自然に10kgもやせました！

大谷溶子さん（60歳）

リウマチの痛みがひどくて体をかばって生活していたら、その状態で筋肉が固まってしまい、腕が上がらないし後ろにも動かせない、すり足でしか歩けない状態に。トレーニングジムや整体に通いましたが、まったく改善しませんでした。

5年前に骨盤腸整ウォーキングを知り、藁《わら》にもすがる思いで受講しました。少しすると体を楽に動かせるようになり、リウマチの痛みも軽くなっていることに気づきました。

しかも、体重はマックスで10kgも減るという嬉しいおまけつき！

ウォーキングと並行して、自宅や職場、寝る前などにエクササイズもやっています。肩甲骨をメインに、足指の運動も加えました。今では背中の余分な肉が落ちて肩甲骨がはっきりわかるほどで、「後ろ姿がきれいね」とよくいわれます。

以前は「痛いから薬に頼る」という生活でしたが、今は自分で体をケアすることで、痛みを回避できるように。そのおかげで、痛みへの悲壮感や、将来への不安も解消できました。

体験者6

ねこ背とつらい慢性腰痛が解消し、体も軽くなってスッキリ!

勝山多美子(仮名・55歳)

ねこ背の私はひどい腰痛持ちで、慢性的に鈍痛があるため、湿布薬が欠かせず、痛みが強い時は腰にコルセットを装着していました。とくに重たい荷物などを持った日は腰痛が一段とひどくなり、本当につらい思いをしていました。

骨盤腸整ウォーキングのレッスンを月1回、自宅では肩甲骨と骨盤を柔軟にするエクササイズ2種類を毎日続けたところ、わずか3か月で目覚ましい効果が。あんなにひどかった腰痛が解消したのです! しかも、重たい荷物を持った日でもこの2種類のエクササイズをすると、翌日は痛みもなく快適に過ごせます。

さらに、食事の量は増えたのに体重は減り、先日受けた健康診断では、背が伸びたというびっくり効果も。

太ももがスリムになってももの間に隙間ができ、ねこ背が直って背中もスッキリ、お尻のハミだし肉もなくなり、悩みだった便秘も解消! まさに、いいことずくめです。

久しぶりに会った高校時代の友人からも姿勢をほめられ、嬉しさも倍増です。

おわりに

私は46歳の時、正しく歩くことの大切さに気づき、絶大な効果を体験しました。体がみるみる変わり、自分にもやればできると自信が持てるようになれたのです。そして、「この素晴らしさをみんなに伝えたい！」という一心でレッスンを開始。

しかし、ウォーキングに欠かせない体の仕組みの基礎や骨盤の重要性を伝えても、骨盤のゆがみのせいで思い通りに体が動かない生徒さんの多さに悩みました。

そんなジレンマに悩む中で出会ったのが、理学療法士の清水賢二先生です。体の仕組みを習得するために数年間、清水先生のもとで骨盤矯正と小顔矯正のセラピストとして理論から実践までをじっくり学びました。

その知識と技術を取り入れて、骨盤腸整ウォーキングを考案。そのご縁で、今回の監修もお願いしたところご快諾いただき、心から感謝しています。

今思えば、私がウォーキングの世界に足を踏み入れたのは偶然ではありません。亡き父の言葉に導かれたような気がしています。

父は多趣味で定年退職後の生活を楽しみに仕事に励んでいましたが、会社の検診で末期のがんと判明。手術はしたものの、一年も経たずに53歳でこの世を去りました。入院して筋肉が落ちてやせ細り、夢を語らなくなった父が残した言葉は「自分の足で歩きたいな……」でした。このひとことが私の胸に深く刻まれたのです。

まさに、「歩くことは生きること」。どんなにお金があってもどんなに夢があっても、自分の足で歩けなくなったら生きる希望が持てなくなることを実感しました。

この言葉に支えられ、一人でも多くの人の健康寿命を延ばすお手伝いをしたいと骨盤腸整ウォーキングの啓発に取り組んでいます。

「続けなくてはと自分を追い込まず、やめないことが大事」と、私のレッスンでは最初にアドバイスします。頑張って毎日歩くことは素晴らしいのですが、もっと気楽に「三日坊主」でもＯＫ。パッタリやめてしまわず、歩ける時に歩くゆとりが長続きの秘訣です。

エクササイズも毎日何回と決めず、思い立った時にちょこっとやればいいし、最近サボったなと思ったら肩甲骨を動かすだけでもアリ！　ゆる〜い継続でもいいと思えると、肩の力が抜けて何倍も楽しく続けられますよ。

長い人生を幸せに生きるために、いつまでも若々しく歩いて、自分の体は自分で守ることを目指しましょう。この本がその一助となることを願っています。

２０２０年９月　山﨑《やまさき》 美歩呼《みほこ》

著者 山﨑 美歩呼（やまさき・みほこ）
一般社団法人 日本姿勢改善ウォーキング協会 代表理事

スポーツインストラクターや骨盤、小顔矯正のセラピストとして活動し、筋肉や骨盤など理学療法の観点から体の動きを研究。2015年、骨盤と腸の関係に着目した独自のウォーキングプログラム「骨盤腸整ウォーキング」を提唱。地元・福岡と東京、下関で、ウォーキングレッスン及びインストラクター養成を行う。年間延べ7000人にレクチャーし、有名企業や大学、行政主催でのイベントも多数開催。「FMコミてん」でのラジオパーソナリティーやテレビ出演のほか、全国各地で講話も行っている。

- ◆ 骨盤腸整ウォーキング公式HP　https://walking-fukuoka.com/
- ◆ Youtube　https://www.youtube.com/walkingmihoko
- ◆ Instagram　@walkingmihoko
- ◆ Twitter　@walkingmihoko

監修 清水 賢二（しみず・けんじ）
理学療法士、ナチュレル フェール代表

理学療法士として医療現場で活動、整形外科部門長を務める。骨格矯正の専門家として延べ1万人の施術実績があり、現在は骨盤調整（全身骨格調整）と頭蓋骨調整の施術を行う美容整体サロン「ナチュレル フェール」を運営。ゴッドハンドといわれる施術は3か月待ちにもなり、健康誌や女性誌を通じて手首や足首に関する独自の理論を提唱。その理論をセルフケアで実践するためのホームケア商品の開発も手掛ける。近著に『肩こりはもまずに治せる！』（講談社）がある。

- ◆ ナチュレル フェール公式HP　http://www.naturelfaire.net/
- ◆ Twitter　@restyler48

ながら運動で今度こそやせる！
10歳若返る 骨盤腸整ウォーキング

発行日　2020年10月20日　初版第1刷発行

著　者　山﨑美歩呼
発行者　秋山和輝
発　行　株式会社世界文化社
〒102-8187　東京都千代田区九段北4-2-29
☎03-3262-5118（編集部）
☎03-3262-5115（販売部）

印刷・製本　大日本印刷株式会社
DTP製作　株式会社明昌堂

ISBN 978-4-418-20418-2

Staff

撮影　伏見早織（世界文化社ホールディングス）
ヘアメイク　竹内美紀代
イラスト　あべゆきこ
ブックデザイン　GRiD（釜内由紀江、清水 桂）
校正　株式会社円水社
取材・文　成保江身子
編集　石川奈都子